围棋与数学

总主编　何光射　李方明　邱继红　高　红　刘端文
主　编　陈绍华　何光射　李成均　张昌平　张治远　华致雄
绘　画　丁广伟　杨　江

中国人民大学出版社
·北京·

图书在版编目（CIP）数据

围棋与数学/陈绍华等主编. —北京：中国人民大学出版社，2018. 6
ISBN 978-7-300-25099-1

Ⅰ. ①围…　Ⅱ. ①陈…　Ⅲ. ①围棋-青少年读物　Ⅳ. ①G891. 3-49

中国版本图书馆 CIP 数据核字（2017）第 265304 号

围棋与数学
总主编　何光射　李方明　邱继红　高　红　刘端文
主　编　陈绍华　何光射　李成均　张昌平　张治远　华致雄
绘　画　丁广伟　杨　江
Weiqi yu Shuxue

出版发行　中国人民大学出版社
社　　址　北京中关村大街 31 号　　邮政编码　100080
电　　话　010－62511242（总编室）　010－62511770（质管部）
　　　　　010－82501766（邮购部）　010－62514148（门市部）
　　　　　010－62515195（发行公司）　010－62515275（盗版举报）
网　　址　http://www. crup. com. cn
　　　　　http://www. ttrnet. com（人大教研网）
经　　销　新华书店
印　　刷　北京瑞禾彩色印刷有限公司
规　　格　185mm×260mm 16 开本　　版　　次　2018 年 6 月第 1 版
印　　张　9. 5　　印　　次　2025 年 5 月第 2 次印刷
字　　数　149 000　　定　　价　32. 00 元

围棋系列教材编写指导委员会

委员会主任

何光射　刘端文　李方明

专家委员（排名不分先后）

丁广伟　邹　培　王占民　邱继红　陆　军　柯　洁　高　红　张昌平
周静静　夏信仁　王启宇　孟　刚　谭　黔　颜　庆　陈　筑　张　龙
赵　宝　刘保谦　戴铸明　刘正邦　王　智　杨　江　李为民　黄初镇
杨海帆　张治远　华致雄　沈克勤　左雪成　桂源海　娄晓红　陈绍华
吴方宁　毕亚武　郑春华　叶建文　田雪芬　张永刚　查　锟　马啟双
陈　刚　谢天威　马　驰　石瑾娜　于　建　李　芳　李成均　陈兴慧
孟昭玉

序

西晋时期的围棋高手张华著《博物志》，书中记载有“尧造围棋，以教子丹朱”的传说。由此可见，中国古代圣人发明围棋游戏的初衷是为了教育子孙后代，以围棋游戏来唤醒孩子的潜能，引导孩子修身养性，学会做人做事。

中国围棋历经 4 000 多年的沧桑世变而经久不衰，究其原因就是围棋留存下来的文化，围棋文化具有显著的教育性和竞争性。教育的实质是文化，“观乎人文，以化成天下”（《周易·贲卦·彖辞》），围棋教育具有鲜明的教育性。竞争是个人或组织为获得利益或生存的发展而进行的斗争，竞争能使人迸发出智慧的火花，竞争具有不断扩张的本性，竞争是自然和社会进化的法则：大千世界，因竞争而充满生机与活力；芸芸众生，因竞争而不断开化与进步。

国运盛，棋运亦盛。中国改革开放以来，随着综合国力的增强，中国围棋文化重放光彩，围棋竞赛日益活跃起来，国际围棋比赛和文化交流更是方兴未艾。

中国围棋教育课程以智慧技能学习为中心，是一门不可或缺的基础教育课程。通过围棋实践，可以让广大青少年习得围棋素养、美育素养，培养创新思维能力、快速反应能力、问题解决能力、社会交往能力等，增强自信和竞争意识等。

2016 年 2 月，教育部为了深化教育改革，促进学生素质发展，决定将中国围棋教育列入学校体育学科内的一个项目课程，进入学校课堂，这个决定不仅是围棋教育功能的回归，而且是对过往的围棋课外活动的历史性超越。

围棋教育课程应具有体育的本质特征：“体育是指向竞争和内在自由促进类本质的身体活动。”中国围棋教育课程是实践素质教育的一门基础课程，其目的就是锻炼身心，增长智慧，帮助学生养成健康的生活方式，促进学生德智体美全面发展。

随着智能技术的飞速发展，工具的智能化对人的智慧提出了新的要求，智慧教育将成为教育发展的新方向。2016年春的《“阿尔法围棋”获胜诠释“深层学习”威力》的报道，必将掀起新一轮世界性的学习围棋的热潮，“阿尔法围棋”超凡的学习方法也引起了高度的关注。它的取胜不是靠机会和运气，它是系统地使用了一种名叫“深层学习”系统和“强化学习”的方法，能够梳理出模式并抓住重点而不会迷失在信息的海洋中。可以大胆地推测，超凡的“智能机器学习”和“深层学习”系统及其“深度思维”等模式，是未来学生学习和发展的方向。青少年朋友们，人们对“阿尔法围棋”的“深层学习”系统的认识已经开始，不要犹豫，不要等待，大家一起快来行动吧！

何光射

2018年3月

前言

围棋黑白之道，与数学运算相通，与数学思维相通。

一张棋盘，黑白两种棋子，表面上看，是很简单的游戏，实则变化无穷，这就像数学，几十个公式、几十种符号一起，融入一个无比奇妙的世界。围棋讲究“战略战术”、大局观、定式要领、中盘拼杀、终盘计算，每一步、每一招都不容有失，否则“一着不慎满盘皆输”。数学研究讲究逻辑，讲究推理，讲究论证，只要其中一环出了差错，整个过程就得推倒重来。

围棋是中华民族传统文化中的瑰宝，它体现了中华民族对智慧的追求，古人常以“琴棋书画”论及一个人的才华和修养，其中的“棋”指的就是围棋。古代的围棋被人们形象地比喻为黑白世界，围棋是我国古人所喜爱的娱乐竞技活动，同时也是人类历史上最悠久的一种棋技。围棋将科学、艺术和竞技三者融为一体，有着发展智力、培养意志品质和机动灵活的特点，几千年来长盛不衰。

围棋的规则十分简单，拥有十分广阔的落子空间，围棋变化无穷，复杂深奥，这是围棋的魅力所在。下围棋对人脑的智力开发很有帮助，可增强一个人的计算能力、创造能力、思维能力、判断能力，也能提高人的注意力和控制力。围棋有横竖 19 条线，总共有 361 个交叉点。就是因为第一手有 361 种选择，第二手有 360 种选择，所以“千古无同局”。围棋之所以千百年来为世人所喜爱，正是因为千变万化的棋局中充满了无穷无尽的数学内涵，人们能在围棋中领略到数学的真谛和乐趣。

在一定的意义上说，围棋是一个深奥莫测的数学王国。围棋离不开了数学，有人称围棋是“数学的艺术，智慧的化身”。

数学在人类历史中的地位与语言、艺术和宗教并列，与语言、艺术和宗教同等重要，今天数学正对科学和社会产生着翻天覆地的影响。数学为什么这么重要呢？

数学是打开科学大门的钥匙，它是科学的语言，是思维的工具，是一种思想方法，是理性的艺术。科学史表明，一些划时代的科学理论成就的出现，都是借助于数学的力量。对计算机的发展做出过重大贡献的冯·诺依曼认为："数学处于人类智能的中心领域。"

数学是科学的语言，著名物理学家玻尔曾指出："数学不应该被看成是以经验的积累为基础的一种特殊的知识分支，而应该被看成是普通语言的一种精确化。"

数学是思维的工具，数学是任何人分析问题和解决问题的思想工具，数学具有运用抽象思维去把握实在的能力。数学应用于实际问题的关键在于能建立一个较好的数学模型，在一个较好的数学模型上展开数学的推导和计算，以形成对问题的认识、判断和预测。

数学赋予科学知识以逻辑的严密性和结论的可靠性，是使认识从感性阶段发展到理性阶段，并使理性认识进一步深化的重要手段。在数学中，每一个公式、定理都要严格地从逻辑上加以证明以后才能够确立。数学的推理步骤严格地遵守形式逻辑法则，以保证从前提到结论的推导过程中，每一个步骤都在逻辑上准确无误。所以运用数学方法从已知的关系推求未知的关系时，所得结论有逻辑上的确定性和可靠性。

数学是辩证的辅助工具和表现方式，用数学特殊的符号语言、简明的数学公式，明确地表达出各种辩证的关系和转化。

数学是思维的体操，能够增强思维本领，提高科学抽象能力、逻辑推理能力和辩证思维能力。任何一种数学方法的具体运用，首先必须将研究对象数量化，进行数量分析、测量和计算。正如克莱因所说的那样："在最广泛的意义上说，数学是一种精神，一种理性的精神。正是这种精神，试图决定性地影响人类的物质、道德和社会生产；试图回答有关人类自身存在提出的问题；努力去理解和控制自然；尽力去探求和确立已经获得知识的最深刻的和最完美的内涵。"

2016年3月9日、10日、12日、13日、15日，AlphaGo（阿尔法围棋）与世界最强围棋棋手李世石进行了五番人机对战，结果AlphaGo以4∶1取胜，人工智能战胜人类高手。这一场人机大战掀起了举世对围棋的热潮，以及对AlphaGo的高度疑惑，AlphaGo究竟靠什么战胜世界最强围棋棋手的？

AlphaGo用神经网络来进行判断，用蒙特卡洛算法进行计算，"蒙特卡洛树搜索"是一种启发式的搜索策略，能够基于对搜索空间的随机抽样扩大搜索树，从而分析围棋中每一步棋应该怎么走才能够创造最好机会。这是一种新的电脑围棋算法：使用"价值网络"评估棋局、"策略网络"选择落子。

这些深层神经网络是由人类专家博弈训练的监督学习和电脑自我博弈训练的强化学习共同构成的一种新型组合。没有任何预先搜索的情境下，这些神经网络能与顶尖水平的、模拟了千万次随机自我博弈的蒙特卡洛树搜索程序下围棋。

人工智能把围棋转化为数学问题。AlphaGo 每一步都经过全盘思考，凡是你思考的，电脑都思考过了，而电脑考虑的，你却没考虑过，AlphaGo 拥有无限的计算能力，人工智能可以理论上通过探索每一局的可能步骤，计算最佳落子。

随着社会的数学化程度日益提高，数学语言已成为人类社会中交流和贮存信息的重要手段。如果说，从前在人们的社会生活及商业交往中，运用初等数学就够了，高等数学一般被认为是科学研究人员所使用的一种高深的科学语言，那么在今天的社会生活中，只懂得初等数学会感到远远不够用。事实上，高等数学的一些概念、语言正在越来越多地渗透到现代社会生活各个方面的各种信息系统中。

本书对围棋与数学的密切联系做了一个基础性的探究，希望阅读本书的朋友在围棋的普及学习中体验数学思维，在围棋的思考中体验数学。本书用一定的篇幅讲述了阿尔法围棋，同时在附录中介绍了围棋与数学的关联知识。有志的青少年要认真学习数学，认真学习围棋，时刻准备挑战围棋与数学，随时准备参加人工智能的研究与创新。

目录

the game of go

第一篇

围棋棋盘上的数学

围棋棋盘上的图形，与数学的拓扑学、平移变换、旋转变换等密切相关，同学们在用围棋做图形的过程中，一定要思考，要注意方法或技巧，体验围棋棋盘上的数学。

一、试排图形

动脑动手，在图 1－1 中，用 19 颗（或 20 颗、21 颗）围棋子，每五颗为一排，最多可以排成几排？可以排出多少种不同的图形？

19 颗七排

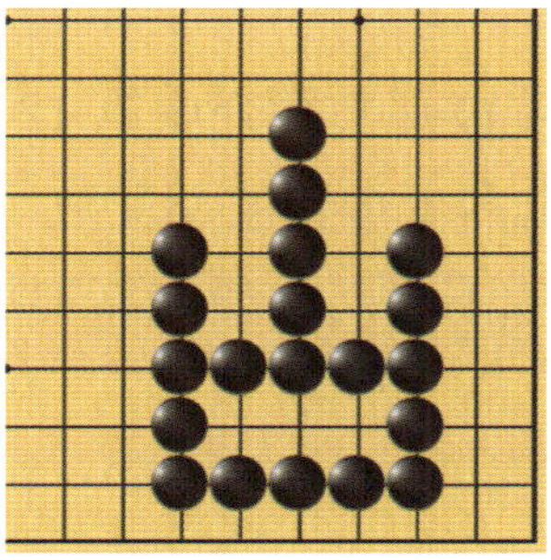

20 颗五排

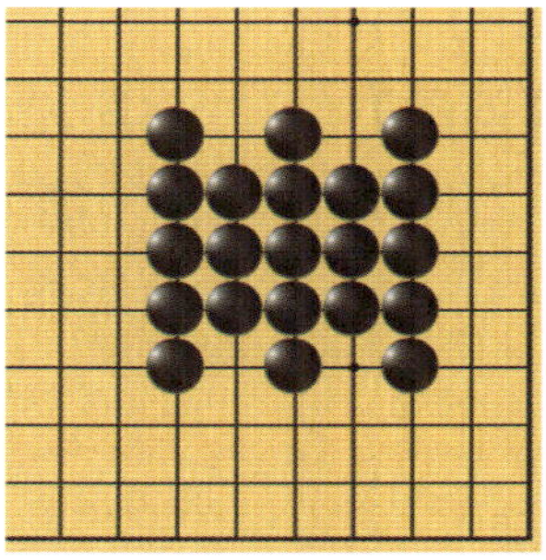

21 颗八排

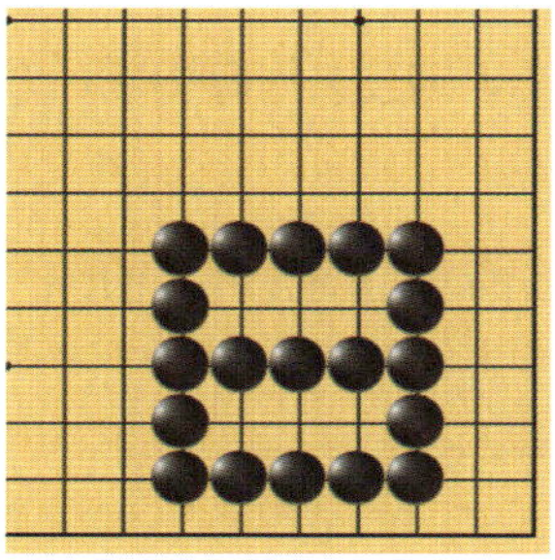

19 颗五排

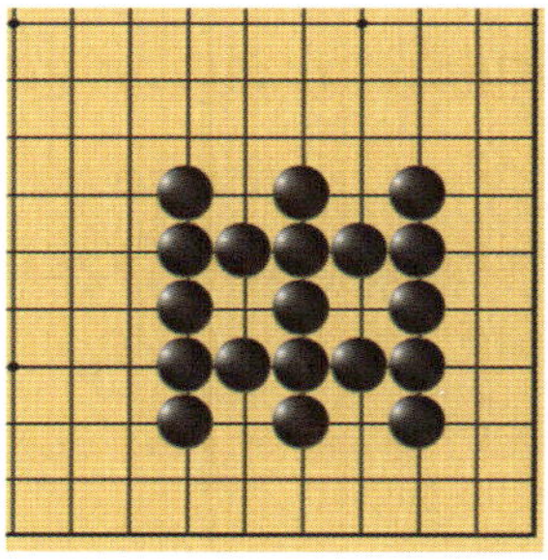

19 颗七排

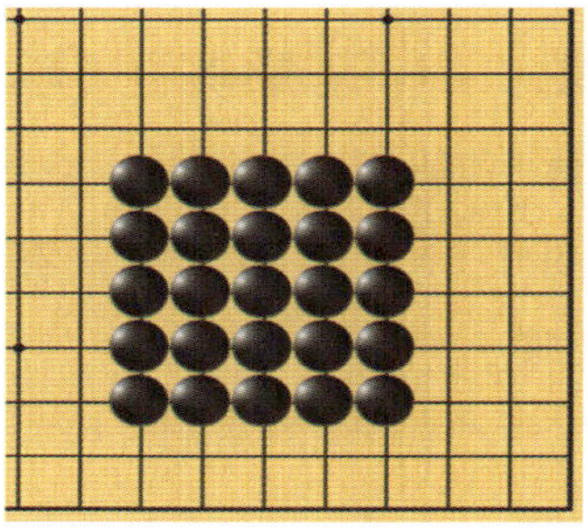

25 颗五排

图 1－1

二、围棋棋盘上的黑棋成斐波那契数列

围棋棋盘上（见图 1－2）从左到右的围棋子的颗数是：1、1、2、3、5、8、13……这是一个有趣的数列，叫作斐波那契数列。细心的同学会发现这样一个规律：这个数列中从第三项往后起任何一个数都是前面两个数的和。例如：2＝1＋1、3＝2＋1、5＝3＋2、8＝5＋3……不经意间，斐波那契数列会经常出现在我们眼前——比如松果、凤梨、树叶的排列、某些花朵的花瓣数、黄金矩形、黄金分割、等角螺线等，这些奥秘还有待同学们去探索。

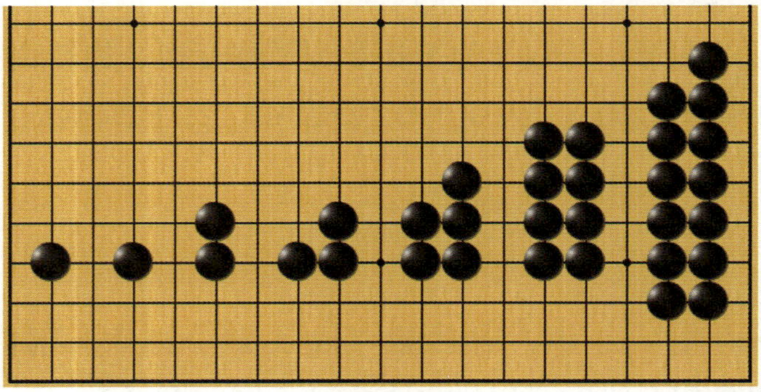

图 1－2

【问题】：（1）你能说出斐波那契数列中第 12 个数是什么吗？

（2）361 颗围棋子能摆出多少个斐波那契数（从 1 开始）？

（3）每个正整数都能写成不相同的斐波那契数之和，那么 99＝？200＝？

三、围棋棋盘中的勾股数

图 1－3：在角上活棋，最少需要 6 颗棋子；在边上活棋，最少需要 8 颗棋子；在中间活棋，最少需要 10 颗棋子。

图 1－4：五颗棋子（形状相同），在角上有 6 口气，在边上有 8 口气，在中间有 10 口气。

图 1－5：围四个空，在角上需要 6 颗子，在边上需要 8 颗子，在中腹需要 10 颗。

图 1－3

图 1－4

图 1－5

【问题】：6、8、10 是一组勾股数，在围棋棋盘上，你能举出其他例子吗？

四、移子对称

每次移动一颗围棋子，使移动后得到的图与原图对称，规定：图 1－6 中，黑棋有两层，只能移动一次；图 1－7 中，黑棋有三层，只能移动两次。

图 1－6

图 1－7

【问题】：黑棋有四层，每次 1 颗，移动三次使黑棋与原图对称，见图 1－8。

图 1－8

【问题】：黑棋有五层，每次 1 子，移动四次使黑棋与原图对称。

【问题】：类似：黑棋有六层，每次 1 子，移动五次使黑棋与原图对称。

黑棋有七层，每次 1 子，移动六次使黑棋与原图对称。

黑棋有八层，每次 1 子，移动七次使黑棋与原图对称。

五、移子相间

设有黑白棋子各 n 个，一边黑一边白排成一排，如图 1－9 所示：每次移动（向前向后均可）相邻的两个棋子，移动 n 次后，一般是三・三的，规定只能移动 3 次。五黑・五白的，规定只能移动 5 次。以此类推。黑白相间（中间不允许有空缺）。

$n=3$

先排成一排

第一次

第二次

第三次

图 1－9

$n=4$ 移动四次，使围棋子黑、白相间，见图 1－10。

图 1－10

$n=5$ 移动五次，使围棋子黑、白相间，见图 1－11。

图 1－11

$n=6$ 移动六次，使围棋子黑、白相间，见图 1－12。

图 1－12

$n=7$ 移动七次，使围棋子黑、白相间，见图 1－13。

图 1－13

六、中国剩余定理——孙子定理

从围棋盒中抓一把围棋子：三颗三颗地数，余二颗；五颗五颗地数，余三颗；七颗七颗地数，余二颗；问这一把围棋子一共有多少颗?

这是我国古代数学名著《孙子算经》中的一道数学题：“今有物不知其数，三三数之剩二，五五数之剩三，七七数之剩二。问物几何?”这里的几何指多少的意思。翻译成数学语言就是：求正整数N，使N除以3余2，除以5余3，除以7余2。

中国称此算法为“孙子定理”，国际上称此为“中国剩余定理”，南宋数学家秦九韶在他的《数书九章》中推广了“物不知数”的问题，提出了计算“乘率”的方法——“大衍求一术”。十八世纪，瑞士的欧拉与法国的拉格朗日才对同余式问题进行系统的研究。十九世纪初，德国的高斯在《算术探究》一书中，才提出解决这类问题的方法——剩余定理，并给出了严格的证明，被后人称为“高斯定理”。

第一篇参考答案

一、试排图形

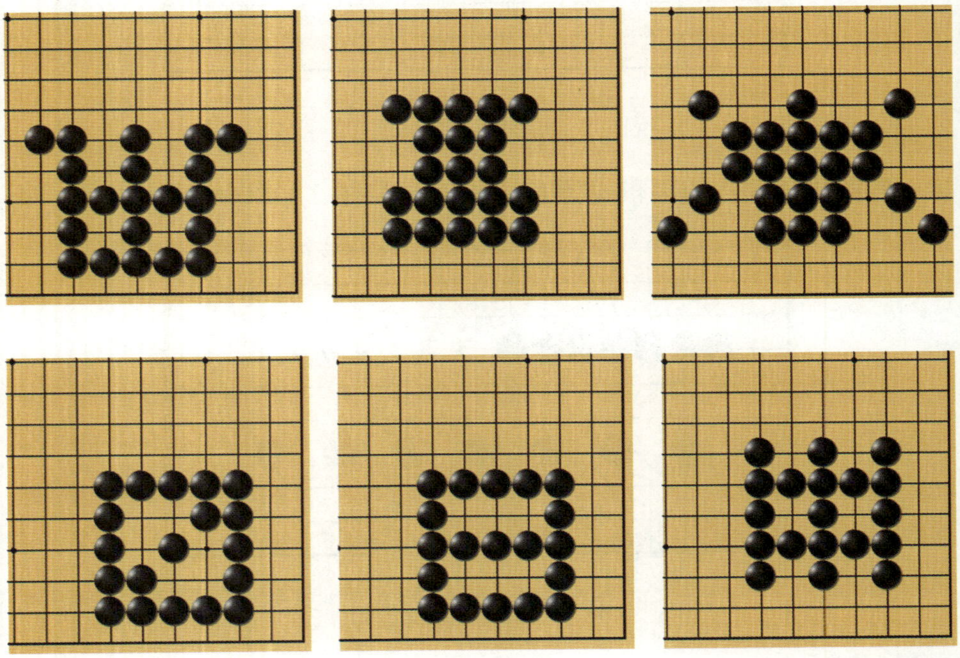

二、围棋棋盘上的黑棋成斐波那契数列

（1）斐波那契数列中第12个数为144。

（2）斐波那契数列顺序从 1 开始：1＋1＋2＋3＋5＋8＋13＋21＋34＋55＋89＝232，剩下 129 颗。

如果不考虑顺序，则有：361＝2＋3＋5＋8＋21＋34＋55＋89＋144。（答案不唯一）

（3）99＝55＋34＋5＋3＋2　　　200＝89＋55＋34＋13＋5＋3＋1

三、移子相间

$n=4$

先排成一排

第一次

第二次

第三次

第四次

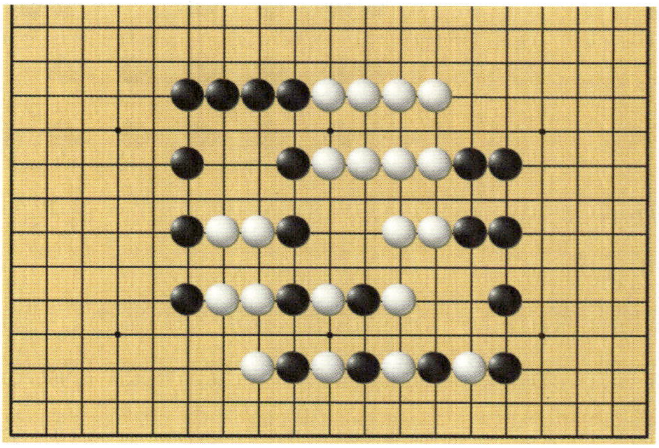

先排三・三、四・四的，看一看、想一想，可以用正向思维、逆向思维结合的方法。

$n=5$

先排成一排

第一次

第二次

第三次

第四次

第五次

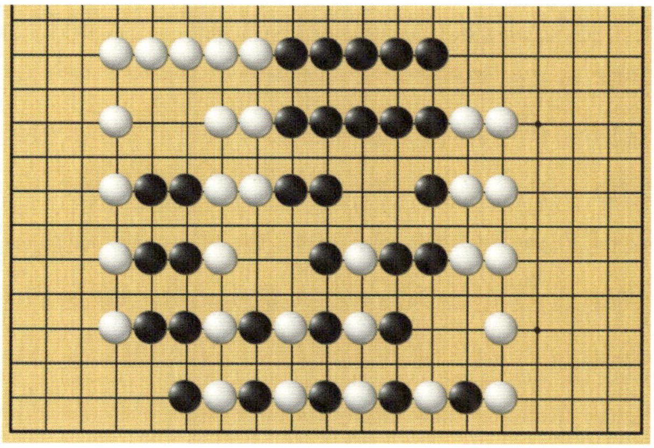

$n=6$

先排成一排

第一次

第二次

第三次

第四次

第五次

第六次

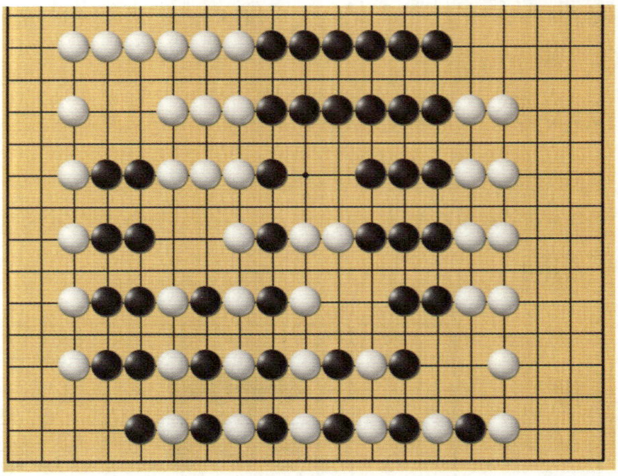

类似：还有 $n=6$，$n=7$，$n=8$，…你能试一试吗？

四、孙子定理

《孙子算经》给出了一个非常有效的巧妙解法。术曰："三、三数之剩二，置一百四十；五、五数之剩三，置六十三；七、七数之剩二，置三十，并之，得二百三十三。以二百一十减之，即得。凡三、三数之剩一，则置七十；五、五数之剩一，则置二十一；七、七数之剩一，则置十五。一百六以上，一百五减之，即得。"

过了一千多年，到了十六世纪，数学家程大位在他所著的《算法统宗》里把这个问题的解法用歌诀形式表述出来。三人同行七十稀，五树梅花廿一枝，七子团圆正月半，除百零五便得之。

先列出除以 3 余 2 的数：2，5，8，11，14，17，20，23，26，…；

再列出除以 5 余 3 的数：3，8，13，18，23，28，…；

再列出除以 7 余 2 的数：9，16，23，30，37，44，…。

这三列数中，最先出现的公共数是 23，得出符合题目条件的最小数是 23。

the game of go

第二篇

围棋与趣味数学

利用围棋与棋盘，在围棋棋盘上组合成三角形、四边形、五边形或其他图形，应用数学的推理方法，数一数、推一推，不仅学会了数围棋，还学会了观察、思考，学习了围棋知识与数学知识，还可以进一步考虑使用了哪些数学原理。

一、围棋盘上的三角形

（1）下列各图（见图 2－1～图 2－4）中的三角形分别由多少颗围棋子组成？

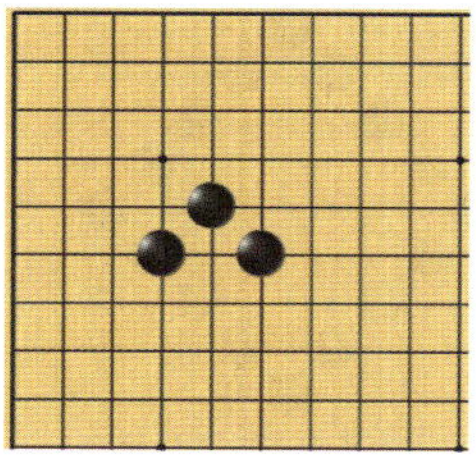

图 2－1

图 2－2

图 2－3

图 2－4

图 2－1 中的三角形一共有（　　）颗围棋子组成；图 2－2 中的三角形一共有（　　）颗围棋子组成；图 2－3 中的三角形一共有（　　）颗围棋子组成；图 2－4 中的三角形一共有（　　）颗围棋子组成……以此类推：第 12 个图有（　　）颗围棋子组成？第 100 个这样的三角形一共有（　　）颗围棋子组成？第 n 个图有（　　）颗围棋子组成？你能用三种不同的方法推算吗？

（2）数一数，图 2－5 至图 2－8 中，三角形的三边分别由几颗围棋子围成？

图 2－5

图 2－6

图 2－7

图 2－8

图 2－5 中的三角形由 3 颗围棋子围成；图 2－6 中的三角形由 6 颗围棋子围成；图 2－7 中的三角形由 9 颗围棋子围成；图 2－8 中的三角形由 12 颗围棋子围成。

以此类推，第 100 个这样的三角形一共由（　　）颗围棋子围成。

第 n 个这样的三角形一共由（　　）颗围棋子围成。

二、围棋盘上的四边形

数一数，以下四边形（见图 2－9 至图 2－12）的四边由几颗围棋子围成？

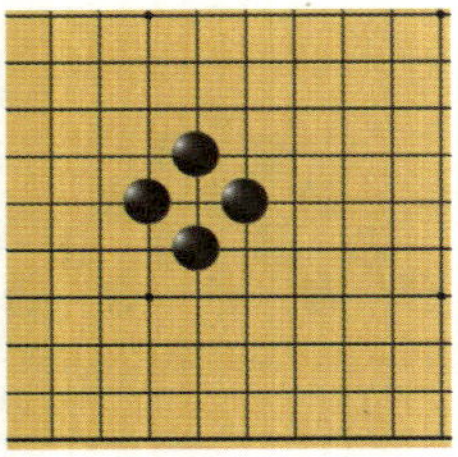
图 2－9

图 2－10

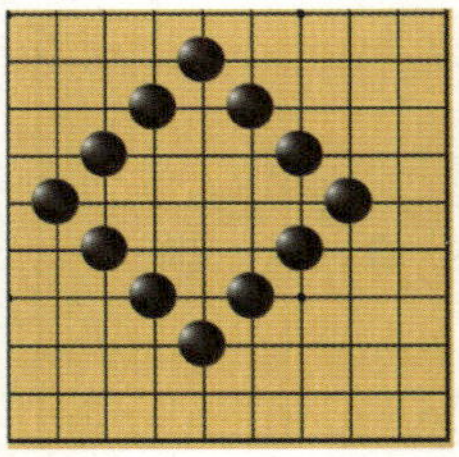
图 2－11

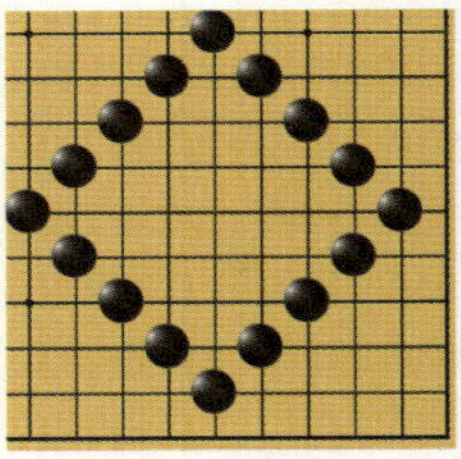
图 2－12

图 2－9 中的四边形由 4 颗围棋子组成；图 2－10 中的四边形由 8 颗围棋子组成；图 2－11 中的四边形由 12 颗围棋子组成；图 2－12 中的四边形由 16 颗围棋子组成；

……以此类推，第 100 个这样的四边形一共由（　　）颗围棋子围成。

第 n 个这样的四边形一共由（　　）颗围棋子围成。

三、围棋盘上的五边形

数一数，五边形的五边由几颗围棋子围成？见图 2－13 至图 2－15。

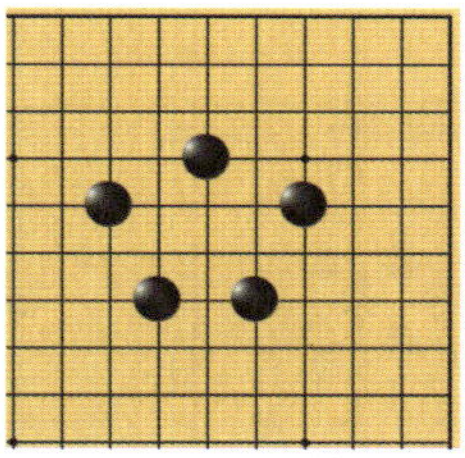

图 2－13

图 2－14

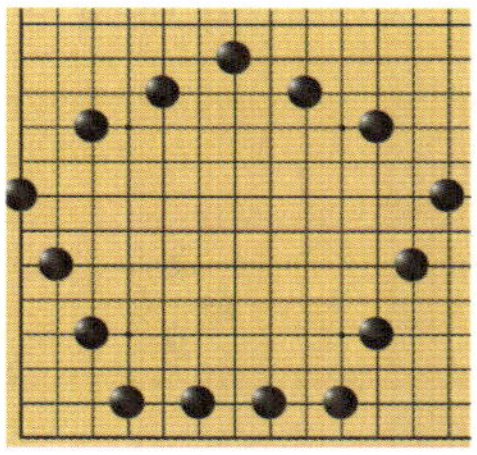

图 2－15

图 2－13 中的五边形由 5 颗围棋子围成；图 2－14 中的五边形由 10 颗围棋子围成；图 2－15 中的五边形每由 15 颗围棋子围成；

……以此类推，第 100 个这样的五边形一共由（　　）颗围棋子围成。

第 n 个这样的五边形一共由（　　）颗围棋子围成。

四、围棋盘中的其他图形

（1）如图 2－16 至图 2－19 所示，每个图案都由若干个围棋子摆成。依照此规律，第 12 个图案中围棋子的总个数为（　　）个。

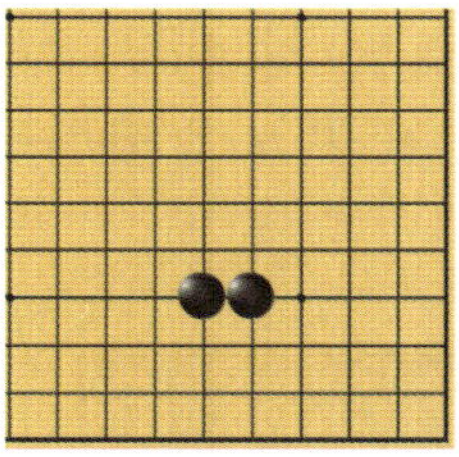

图 2－16

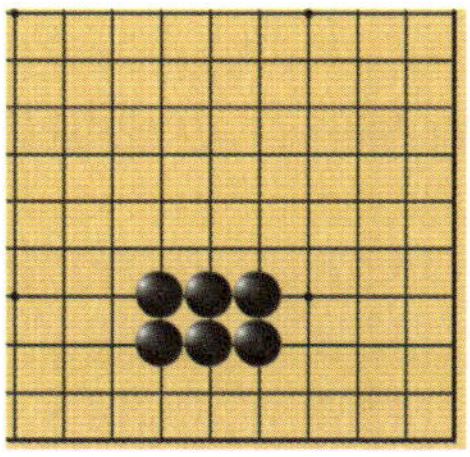

图 2－17

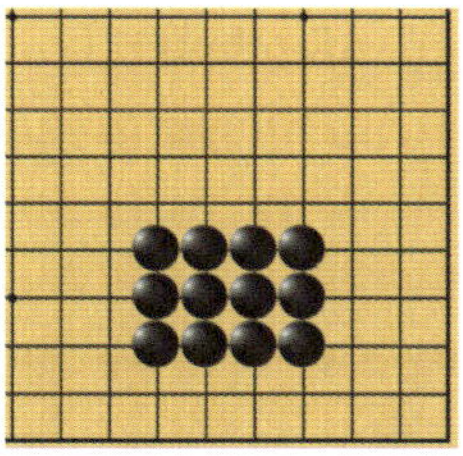

图 2－18

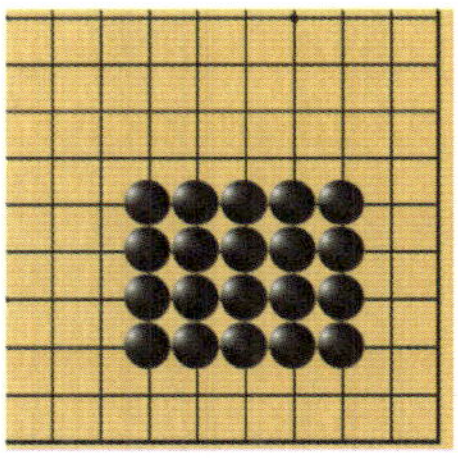

图 2－19

A. 132 个　　B. 156 个　　C. 182 个　　D. 210 个

（2）如图 2－20 所示：把同样大小的围棋子摆放在正多边形的边上，按照这样的规律摆下去，则第 n（n 是大于 0 的整数）个图形需要棋子的个数是________。

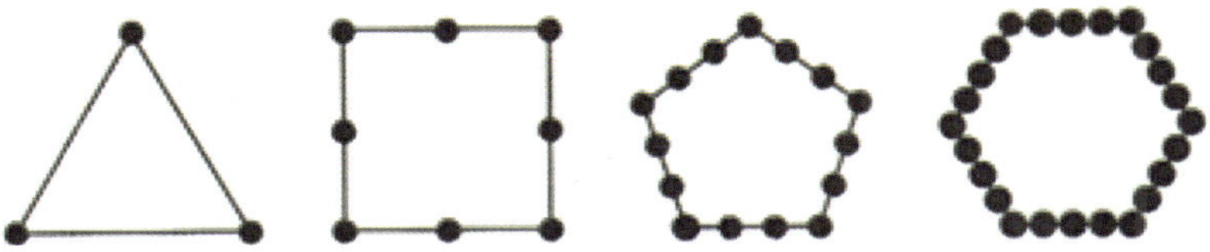

图 2－20

（3）用同样大小的围棋子按图 2－21 所示的方式摆图案，按照这样的规律摆下去，第 99 个图案需要的围棋子是________颗。

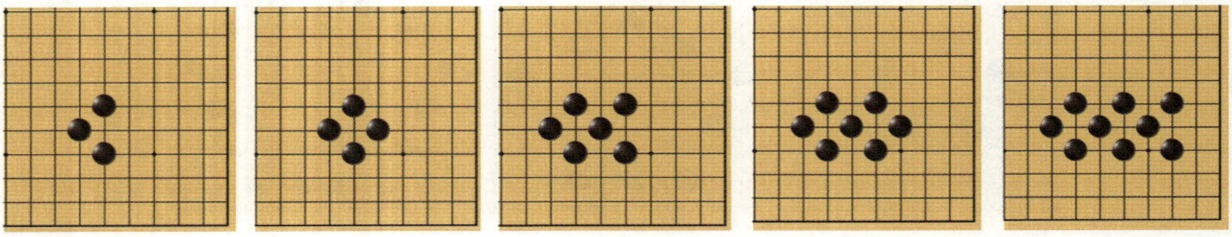

图 2－21

（4）图 2－22 是用三种方法将 6 颗围棋子用丝线捆扎的截面图，三种方法所用的丝线长分别为 a，b，c（不记接头部分），则 a，b，c 的大小关系为（　　）。

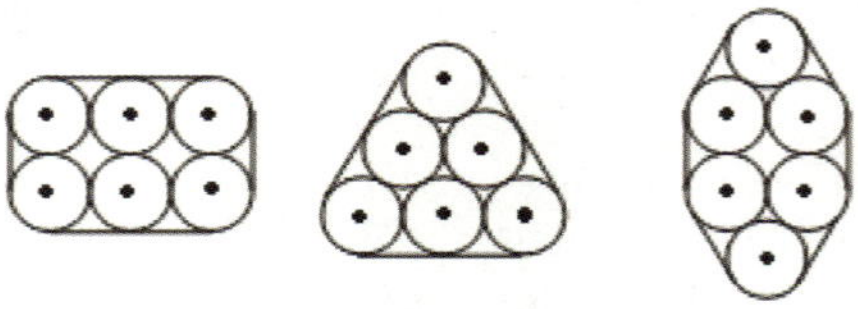

图 2－22

A. a＝b＞c　　　B. a＝b＝c　　　C. a＜b＜c　　　D. a＞b＞c

（5）图 2－23 是由一些围棋子组成的图形，按此规律，在第 n 个图形中，围棋子的个数为________。

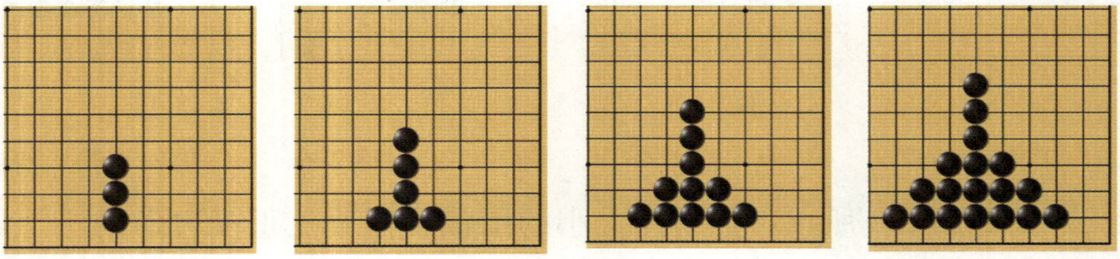

图 2－23

（6）观察图 2－24 中围棋子的个数，若按其规律再画下去，可以得到第 n 个图形中所有围棋子的个数为________（用含 n 的代数式表示）。

图 2－24

（7）图 2－25 是用围棋子摆成的一列具有一定规律的“山”字，则第 n 个“山”字中的棋子个数是________。

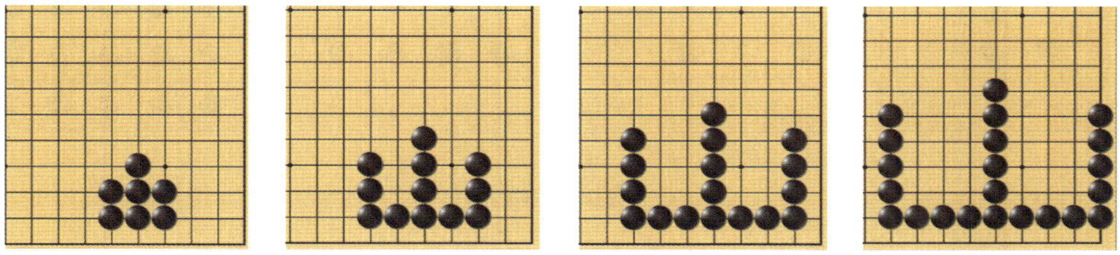

图 2－25

（8）如图 2－26 所示用围棋子在棋盘按下列顺序摆图案（注：每个棋盘上有两个图），则第 n 个图形需要围棋子（　　）颗。

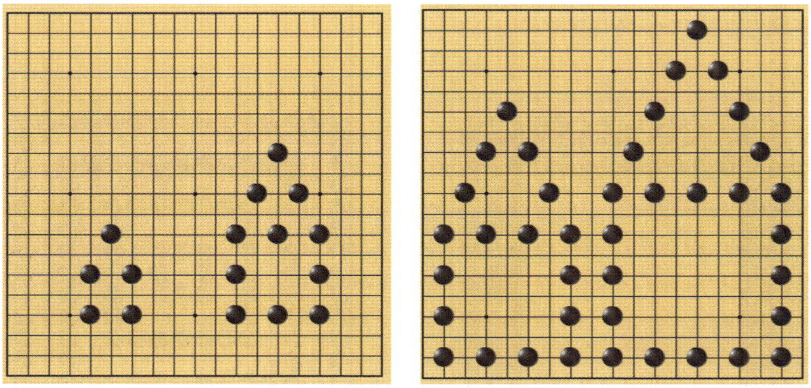

图 2－26

（9）图 2－27 是用围棋子摆出的图案，那么第 n 个图形需要围棋子（　　）颗。

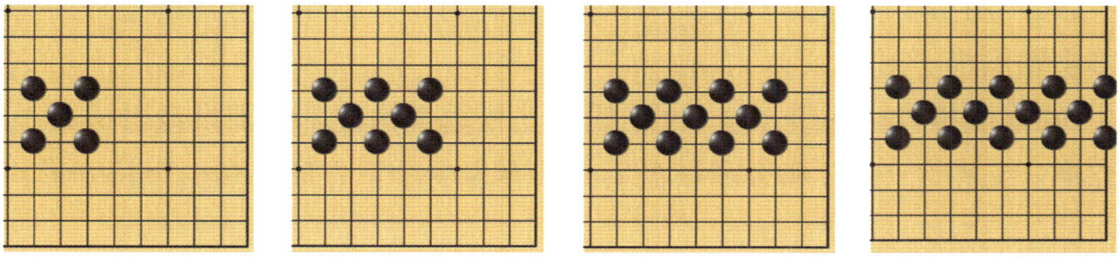

图 2－27

（10）如图 2－28 所示用围棋拼成正方形：如果第一个图中有 1 个正方形，第二个图中有 5 个正方形，第三个图中有 14 个正方形，第四个图中有 30 个正方形（图中其他情况不算）……那么第 12 个图中有（　　）正方形。

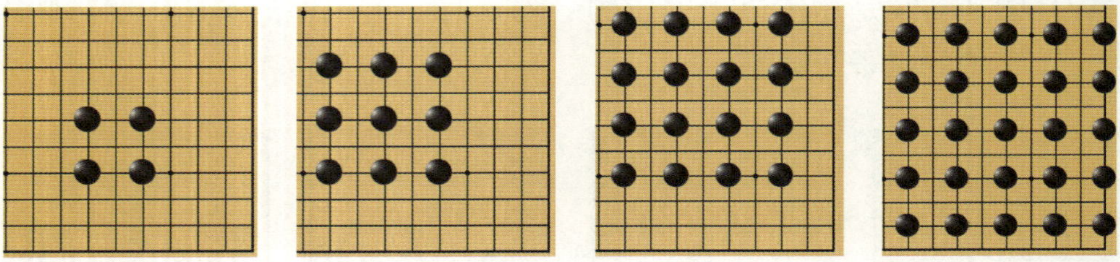

图 2 - 28

（11）用围棋子排成了一个正方形方阵，最外层每边有 15 枚棋子，最内层每边有 11 枚棋子，见图 2 - 29，这个正方形方阵有多少枚围棋子？

（12）用围棋子排成了一个正方形方阵，最外层每边有 15 枚棋子，第二层每边有 11 枚棋子，第三层每边有 7 枚棋子，第四层每边有 3 枚棋子，见图 2 - 30，这个正方形方阵有多少枚围棋子？

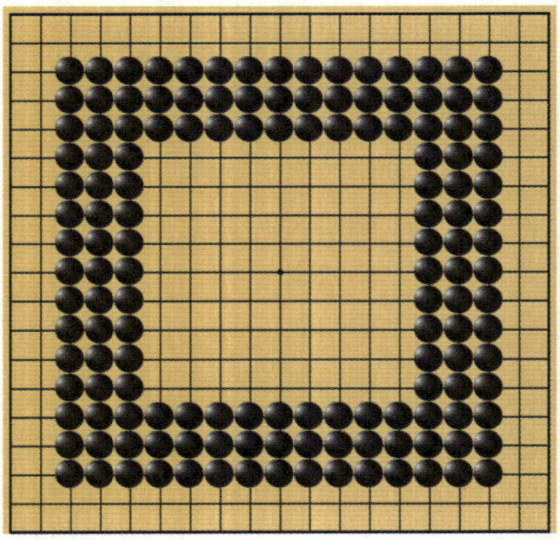

图 2 - 29

图 2 - 30

（13）用 182 颗围棋子围了一个五层的正方形，这个正方形的最外层每边有多少颗围棋子？

（14）围棋盘由一组 19 × 19 的线段互相垂直构成，把围棋盘看成是一个正方形，见图 2 - 31，那么围棋盘上一共有多少个正方形？多少个长方形？

图 2-31

(15) 如图 2-32 所示，黑棋下一子，使黑五子成轴对称图形，白棋下一子，使白五子成轴对称图形。

图 2-32

(16) 某区举办围棋比赛：每位选手都要与其他选手比赛一局，每局胜者记 2 分，负者记 0 分，平局各记 1 分。有四位同学统计了全部选手得分总数，分别是 2 068，2 069，2 070，2 071，经过核实只有一位同学的统计没有错误。计算有多少选手参加本次比赛？

第二篇参考答案

一、围棋盘上的三角形

(1)【方法 1】第一个图　　　　1+2

第二个图　　　　$1+2+3$

第三个图　　　　$1+2+3+4$

第四个图　　　　$1+2+3+4+5$

……

第 n 个图　　　　$1+2+3+\cdots+n+(n+1)=\dfrac{(n+1)(n+2)}{2}$

【方法 2】把每一个三角形看成是：上底是 1、下底是（$n+1$）的梯形，利用梯形面积公式可以得到上面的结果。

（2）【解答】3（100－1）＝297；　3（$n-1$）

二、围棋盘上的四边形

【解答】4（100－1）＝396；　4（$n-1$）

三、围棋盘上的五边形

【解答】5（100－1）＝495；　5（$n-1$）

四、围棋盘上的其他图形

（1）【解答】分析：从第一个图至第四个图有这样的规律，图 1：$1\times2=2$；图 2：$2\times3=6$；图 3：$3\times4=12$；图 4：$4\times5=20$；以此类推，图 12 应为：$12\times13=156$；答案：选 B。

（2）【解答】分析：从第一个图至第四个图的规律是，边数依次为 3、4、5、6、…、n，每一个图形的一边上的围棋子个数分别为 2、3、4、5、…、n、($n+1$)。但是从每一个图形的边来看，实际上每一边围棋子个数分别应该为 1、2、3、4、5、…、n，所以：第 n 个图形中棋子的数量为 n（$n+2$)。

（3）【解答】分析：从第一个图至第五个图中的围棋子的数量规律是：3、4，6、7，9、…，与图形的系号 1、2、3、4、5、…相比，更有规律。所以第 99 个图有 150 颗围棋子。

（4）【解答】分析：设圆的半径为 1，图 1 中丝线长为 $12+\pi$；

图 2 中：丝线长为 $12+\pi$；图 3 中：丝线长为 $12+\pi$；答案：选择 B。

（5）【解答】分析：观察四个图形，图 1：$2+1=2+1^2$；图 2：$2+1+3=2+2^2$；图 3：$2+1+3+5=2+3^2$；图 4：$2+1+3+5+7=2+4^2$。

由此第 n 个图：$2+1+3+5+\cdots+(2n-1)=2+n^2$。($n$＝1、2、3、…、$n$)。

（6）【解答】分析：图 1：$1+3=2^2$；图 2：$1+3+5=3^2$；图 3：$1+3+$

$5+7=4^2$；…。

第 n 个图：$1+2+3+\cdots+(2n-1)=(n+1)^2$。（$n=1$、2、3、…、$n$）

（7）【解答】分析："山"字的棋子个数为：图 1 中有 7 颗；图 2 中有 12 颗；图 3 中有 17 颗；图 4 中有 22 颗……以此类推，第 n 个图形中有（$5n+2$）颗。

（8）【解答】分析：四个图形都是由三角形和四边形组成，第一个图：三角形＋四边形，为 1＋4；以下三图分别为：3＋8，5＋12，7＋16，…，依此类推：1，3，5，7，…，可以写为：$2n-1$；而 4，8，12，16，…，写为：$4n$，所以：第 n 个图形需要围棋子（$6n-1$）　（其中 $n=1$、2、3、…，n）颗。

（9）【解答】本题可依次解出 $n=1$，2，3，…，围棋子的枚数，再根据规律以此类推，可得出第 n 个图形需要围棋子的枚数。

∵$n=1$ 时，有 5 枚，即 $3\times1+2$ 枚；$n=2$ 时，有 8 枚，即 $3\times2+2$ 枚；

$n=3$ 时，有 11 枚，即 $3\times3+2$ 枚；……

第 n 个图形需要围棋子数为：（$3n+2$）颗。

（10）【解答】分析：图 1、图 2、图 3、图 4 中正方形的个数分别为：1、5、14、29，观察得出：图 1：$1=1^2$；图 2：$5=1^2+2^2$；图 3：$14=1^2+2^2+3^2$；图 4：$30=1^2+2^2+3^2+4^2$，以此第十二个图中正方形有：$650=1^2+2^2+3^2+4^2+5^2+6^2+7^2+8^2+9^2+10^2+11^2+12^2$ 个。

（11）【解答】外层$=16\times4-4=60$；中间$=13\times4-4=48$；内层$=11\times4-4=40$；

共计：$60+48+40=148$。

（12）【解答】最外层$=15\times4-4=56$；第二层$=11\times4-4=40$；第三层$=7\times4-4=24$；第四层$=3\times4-4=8$　　共计：$56+40+24+8=128$。

（13）【解答】设最外层每边的围棋子有 n 颗，则最外层的四边的围棋子有（$4n-4$）颗，依次各四边形的四边的围棋子数为：（$4n-8$）（$4n-12$）（$4n-16$）（$4n-20$）。

则有（$4n-4$）＋（$4n-8$）＋（$4n-12$）＋（$4n-16$）＋（$4n-20$）$=182$，

解得：$n=12$。

（14）【解答】围棋盘中正方形的个数为：$1^2+2^2+\cdots+17^2+18^2=2\ 109$，

围棋盘中长方形的个数为：$\dfrac{19\times18}{2}\times\dfrac{19\times18}{2}=29\ 241$。（其中含正方形）

（15）【解答】

（16）【解答】设共有 n 位选手参加比赛，每一位选手都要下（$n-1$）局，共计下 $n(n-1)$ 局，但是比赛是两个人，统计是从一人的角度进行的，因此实际进行的局数为 $\frac{1}{2}n(n-1)$，由于每局记 2 分，所以全部选手得分总数为 $n(n-1)$ 分，显然 $n-1$、n 是两个连续的自然数，容易验证两个连续的自然数乘积的末位只能是 0、2、6，所以 2 068、2 069、2 071 的统计数字有错误，总分是 2 070。

$n(n-1)-2\,070=0$，$n^2-n-2\,070=0$ 解得：$n_1=46$，$n_2=-45$（不合题意，舍去）。

所以参加本次比赛的选手共计 46 位。

the game of go

第三篇

围棋对弈中体现的数学

计算是围棋的一大特点，围棋对局的过程就像是在上一节数学课。有人认为围棋与数学没有联系，但是更多的人认为围棋与数学有联系，而且联系非常密切。很遗憾，许多围棋高手数学水平不够，许多数学专家不懂围棋，这是许多人认为围棋与数学没有联系的原因。但是越来越多的专家在不断地探索着围棋与数学的广泛联系。

围棋对弈中，既有微观的局部应对计算，也有把握全局的宏观计算。初学围棋时，首先要学会的就是气的计算、目的计算，然后是杀气和死活的计算、得失利弊的计算、官子的计算、胜负的计算等。一盘棋，几乎每下一步都需冷静思考，认真计算，而这些计算都是要通过心算来完成的，可以说是无声的独白与回答，它要比口头和书面的计算难度更大。

在围棋的对局过程中，双方都需要投入大量的脑力活动，不断思索，反复比较，要随时进行形势判断，不断调整自己的作战方案，根据双方的棋势来选择最佳的着子点。对局中，你总是要努力实现自己的意图，而对方却偏要破坏你的意图，这就迫使你要多长几个“心眼”。每当对方落子之后，必须冷静地思考，首先要识破对手的企图，然后再筹划自己的对策。要运用逻辑推理的方法，在心中反复计算、反复比较，把各种不可能的下法排除掉，选择合理的下法，这样大脑的洞察力和计算力就会提高，应变能力也会随之增强。通过学习围棋，记忆力、计算力和应变能力增强了，学数学、语文、外语、物理、化学、地理、历史、生物、音乐、体育、美术等学科，都会学得快、记得牢。在遇到问题时，头脑反应就快，这对同学们认识复杂的世界是很有好处的。

一、围棋定式与“纳什均衡”

在学习围棋、下围棋的过程中，都会直接或间接用到高等数学的原理。

如博弈论中的纳什均衡、有限理性，组合数学中的拓扑论、排队论、概率论，混沌原理中的优选法等。

博弈论的基本前提为：某人或某物的行为效果如何，有赖于他人或他物的行为。由于世上的事物很少不依赖于其他事物而存在，因此博弈论用途甚广，从军事、政治、经济等社会科学，到工程学和生物学等自然科学，均留下其印记。在日常生活中，也涉及博弈过程。初期博弈论强调利益的冲突，即非合作甚至对抗状态。比如，“零和理论”指一方得益则意味着另一方遭损，这在围棋中早有运用，如“他人之急所即我之急所”。

对于纳什均衡理论来说，棋局中的博弈隐喻着人间事物的基本规律。事态如棋局，而棋局是可以用策略思维加以概括的。比如“过分”“本手”与“缓着”之间，一般都会选择本手，着法过分如不遇反击，可能占到便宜，如遇反击则可能亏损，因此如果棋力相当，则应考虑到对手的反击手段。

军事行为、经济行为、政治行为、国际交往均有对抗的因素，但如果这个宇宙只有对抗和冲突，它又如何避免分崩离析的结果呢？这样的问题，尤其显得重要。数学家约翰·纳什（John Nash）就是在这样的背景下提出了他的均衡理论。纳什的均衡理论的要义在于：即使在对抗条件下，双方可以通过向对方提出威胁和要求，找到双方能够接受的解决方案，不至于因为各自追求自我利益而无法达到妥协，甚至两败俱伤。稳定的均衡点建立在找到各自的“占优策略”，即无论对方做何选择，这一策略优于其他策略（所谓“本手”）。

围棋中的“定式”即是许多变化中双方都认为“不亏”的一种变化。对手也同样考虑在追求利益中不可能占尽便宜，这就“产生”双方都能接受的平衡方案。什么叫作“定式”，日本超一流九段棋手小林光一有如下定义：“在局部战斗中，用最稳妥的顺序，而且能经得住以后的检验，从而被固定下来的下法就是定式。”

纳什均衡与定式的关系可以从两个层面看。从策略层面看，如一方的策略是“捞地”，另一方是“取势”，而结果相当，互有所得，双方就愿意那样下。“捞地”（考虑现实利益）与“取势”（考虑将来发展）便形成一个“纳什均衡”；另一方面，可以从具体行棋效果来看，如果一步棋能考虑到对手各种应手而依然成立，对手也运用同样的法则找到应对，则可以说双方达成了“纳什均衡”。

这样看，定式是一系列纳什均衡的累计直至局部达到稳定的一种变化，直到一方认为可以根据形势选择任何变化或脱先而无局部受损之虞。定式是在大量实战基础上不断被验证并长期积累而成的，可以说定式在围棋中是科学成分最大的策略。

在任何对局中，全局情况、对手棋风，都会决定一个定式是否真正具有“均衡”意义。比如，一个棋风锐利、咄咄逼人的棋手碰到处处忍让的棋手，可能占到便宜，遇到同类棋手，则会陷入恶战和险境。

由此可见，在变化的棋局中，“均衡”只有相对意义。因而小林光一说定式不可通用，局部构思不利于全局时就应该使用变着。再者，棋手的目的常常不是寻找均衡点，而是利用对方的弱点打破均衡而获得优势。

二、围棋定式与“有限理性”

赫勃特·西蒙（Herbert Simon，1916—1997）是用心理学原理探讨经济行为——尤其是商业行为的第一人，他也是对国际象棋进行心理学研究的先行者之一。他对传统经济学提出挑战。经典经济学假定人的经济决策是高度理性的，即掌握完全信息，有能力做出最优化的选择。“纳什均衡”同样基于竞争对手双方都拥有完全信息（如对手有哪些应对手段）和完全理性的假设（如考虑到对手有 A、B、C 三种手段，自己的选择中哪一种可立于不败之地）。

而西蒙认为：人无法获得决策所需的所有信息，即使能获得所有信息，人也无法实现充分理性，因为我们能力有限，而且面临时间压力，不可能无限制地周全思考一个问题的全部复杂关系及行动后果。这就是西蒙“有限理性”的命题。那么，有此缺陷的人究竟如何决策呢？西蒙用了“满意/牺牲”概括人或经济实体的行为，人并非追求利益最大化，而是满意即可。这一理论使他获得 1978 年诺贝尔经济学奖。

“有限理性”应用于“定式”，可得出如下结论：定式未必是解决双方利害冲突的最优化的均衡结果，而是我们达到双方满意的权宜手段，主要原因是围棋变化过于复杂，数学上称为“组合爆炸”。

这样，小林光一所说的“稳妥的顺序”可以这样解释：面对纷乱的变化可能，定式避免了计算带来的认知超载，并由于经过前人检验，其结果有可预测性且相对对等（即如按定式下不会坏到哪里）。从这个意义上说，定式所依据的不是客观上的绝对均衡（即纳什均衡），而是主观上双方都不愿意看到一开始就纷乱失控的局面而做的妥协（追求结果的稳定性和可预测性）。

对于高手来说，定式的选择运用早有战略的企图，从这一角度可见定式意义：一方面，打破定式是追求利益最大化，即优化选择的必然结果，因为定式作为双方满意的权宜之计不可能考虑到周围和全局的变数；另一方面，打破定式也可以是心理战术，增加棋的变数和不可预测性，给对方造成心理压力。

如果定式仅仅是达到双方满意的结果，又如何解释小林光一所言“一个定式必然‘经得住以后的检验’呢”？这是指一种变化既然为大家认可而成为定式，就必然具有合理性，具有纳什均衡的实质效果，但是“有限理性”决定了纳什均衡只是理论的假定，因为全知能力不为任何一方所有。任何定式都只能实现相对的均衡，每一步棋都蕴含着新的不平衡（形势向某一方的倾斜）。而所谓棋高一筹，正是看到了不平衡所带来的契机，进而获得胜机。

三、围棋盘与数学

我们先来了解一下围棋棋盘上的数学。如果我们把围棋的棋盘看作数学中的一个直角坐标系，把棋盘上的“天元”看作这个坐标系的中心点，那么棋子下在棋盘上 361 个交叉点中的任何一个位置，都可以用纵横坐标的数字一目了然地表示出来。例如，四、4 就表示了棋盘的星位，三、4 就表示了小目的位置，这就是现在记录棋谱的基本方法。

大家知道，在漫长的发展过程中，棋盘经历了从十三道、十五道、十七道到十九道的历史演变。从数学的角度来看，这种演变也是遵循了一定的数学规律的。我们可以把围棋的十九道棋盘看成由围绕以天元为中心的九层交叉点加天元一点所组成，见图 3－1。那么，从天元周围第一层的 8 个交叉点直至第九层周围的 72 个交叉点，恰好都是 8 的倍数。而各层的点数之和再加上天元一点就组成了棋盘，这正好符合数学定理：“任何一个奇数的平方都是 1 与 8 的某个倍数之和，且这个倍数是一个特定数列中的数。”这也就是说，如果围绕天元四周的交叉点按九层来计算，就构成了十九道棋盘，而交叉点的数目恰好是 361＝1＋8×45，如果按天元的周围有八层交叉点来算，那就是十七道棋盘，交叉点的总数就是 289＝1＋8×36。由此我们也就不难理解为什么围棋棋盘的道数为奇数了。

根据对策论的定理，在围棋对局中，假设黑白双方从布局开始都以最佳的着法一直下到终局，由于执黑棋的一方有先行之利，取胜的概率必然会大

图 3－1　棋盘中以天元为中心的九层

大高于白方。为了使对局双方处于平等的地位，那么先行棋的黑方就应当在终局时贴还给白方一定的子数或目数作为先行的补偿，这就是现代各种围棋规则中黑方都要贴子或贴目的理论根据。

那么黑方要补偿多少才算合理呢？这是目前各种围棋规则中还没有解决的一道数学难题。中国规则是黑方贴 $3\frac{3}{4}$ 子（相当于七目半），韩国规则是黑方贴 $3\frac{1}{4}$ 子（相当于六目半），日本规则是黑方贴 $2\frac{3}{4}$ 子（相当于五目半），而应氏规则黑方要贴 8 点（相当于 8 目）。从数学上看，这些规定似乎很精确了，但实际上这种规定却并非十分科学合理。为什么这样说呢？这是因为只要我们无法把围棋对局中的全部变化列出来，也就无法从棋局中得到或判断出所有的最佳着法。因此黑方对白方的补偿应该是多少，只能是一个概数，真正意义的精确合理之数，也许永远也不会为人们所知。换句话来讲，这个合理的补偿之数要得到数学上严谨的证明是非常困难的。

在围棋中，通常用数字序数来表示棋盘上落子的手数，用目数来表示围"地"的多少，用分数来表示细微的差距。在对局中还能在棋盘上经常见到"大飞""曲尺""猴子脸"等几何图形和"拆二""二间夹"等表示棋子之间距离的着法。围棋中涉及数学之处数不胜数，甚至连围棋的基本棋理也可以借助数学的理论来加以论证。

四、围棋与思维

人的思维是一种特有的精神活动，包括在事物表象、概念的基础上进行分析、综合、判断、推理等整个认识过程。思维有形象思维与逻辑思维之分。这两种思维虽然由左右脑分别来完成，但却关系密切、相辅相成。

现代科学研究证明：人的思维发展是由形象思维渐入逻辑思维的。倘若在儿童时期有意加以逻辑思维的训练，不仅增强其思考问题的条理性和发展思路的连贯性，而且对形象思维亦有促进作用。

在围棋的对局中，由于黑白双方都要连续不停地进行各种形象思维和逻辑思维，所以有人就把围棋看成一个优化思维方法的实验室。围棋的棋局中能够出现各种奇妙的图形，这些图形会作为逻辑思维的产物储存到人的大脑中，极好地锻炼头脑思维的条理化。著名哲学家康德曾经说过："想象力作为一种创造性的认识能力，是一种强大的创造力量。"

围棋中最能够体现的就是我们思维中的想象力和创造力。对于一个学围棋的人来说，棋盘上的 361 个交叉点和自由行棋的规则，在客观上为想象力的发挥和创造力的实现，提供了极大的空间和极多的机遇，能够有效地开阔思路，激活创造灵感和表现欲望。围棋对局从棋盘上空无一子开始，棋手根据自己的构思和判断，在棋盘上的任意一点落子。在棋局的进行中，棋手每下一步棋都会面临多种选择，而这种选择并不是那种非此即彼的简单选择。这样一来，就使得对局者能够充分地发挥自己的想象力，利用各种机会不断地创造出更新、更合理的棋形来。

围棋素有"千古无同局"之说。无论是布局定式的精彩设计，还是中盘搏杀时的绝妙着法，甚至在收官时走出的最佳次序，都得益于自由自在的想象力和创造力。可以这样说，对局者在棋盘上下的一步棋都是一种创造。正是在不断地创造中，展现了他们的个性、智慧和才能，使他们在围棋对局中被激发出来的想象力和创造性思维在日常生活、学习和工作中也能得到充分发挥。

直观、感觉、判断、推理、观察、经验等一些重要的哲学概念，在对局中经常被用到。

围棋无数次的练习、无数次的对弈，积累下来就是大数据。

在围棋对弈的过程中，每一个局部棋的死与活，对局者必须时时关注、认真解决，千万不能模拟两可、含糊不清。例如：你该做活的地方却被对方给吃掉了，而你该吃掉对方的棋却又没有吃掉。在对局中，首先要保证自己实际控制的地盘超过对方。围棋的统一性在于共存，一方应当允许另一方的存在，如果总是一味追杀对方，而忽略自己的漏洞，就会走出过分的着法，往往会受到严厉惩罚。

无为而胜，是老子哲学的精髓，这在围棋里可以得到充分验证。如果我们把象棋看作是儒家用来追求治国平天下的具体谋略，或者是兵家的实战计谋，那么围棋就更像道家所推崇的无为了，无为的目的却是无不为，是为了最后的胜利。一个急于想要战胜对方的人，往往却会成为失败者，而一个看淡胜负、具有平常心的人，反而能最大限度地发挥出自己的水平，成为胜利者。有争斗就必然有胜负，取胜固然是好事，而失败却可以把坏事变成好事。失败带来的经验教训往往是最深刻的。在某种意义上讲，棋艺的提高不是来自胜利，而是来自失败。明代“江南四才子”之一的唐伯虎曾在《闲中歌》中说道“眼前富贵一枰棋，身后功名半张纸”，就是把富贵当作一局棋，如果在棋局上把酸甜苦辣都遍尝了，也就会把荣辱得失看轻看淡了，这也恰好体现了“无为而无不为”和“胜固欣然，败亦可喜”的哲学理念。

围棋讲究整体作战，必须树立牺牲局部小利、争取全局主动的观念。下在棋盘上的每一颗子不能只在某一个局部发挥作用，要把它们整体结合起来，形成全局的合力，这就是围棋的全局意识。一个具有大局观的人，总是放眼全局，站在全局的高度来判明形势的优劣，抓住问题的重点，采取相应的对策。如果你眼光短浅，贪图小利，不顾全局的轻重缓急，只是计较局部一城一地的得失，就会使全局棋势陷于被动之中。可以说，在围棋对弈中，从深谋远虑的布局到烽火连天的中盘战斗直至精准细微的收官，无时无刻不在考验和锻炼着对局者的全局观念和对全局的把握能力。

五、围棋与经济学

棋理与经济学的原理是相通的。经济学主要是研究如何合理地配置和充分利用各种稀缺的经济资源以尽可能地满足人们的多种需求的科学。对于围棋而言，棋子就是棋手所掌握的稀缺资源。如何把有限的子力资源在棋盘上配置好，以最大的可能来满足围得更大地域空间的欲望，则是棋手的对局目的。经济活动的基本原则是以最小投入获取最大效益，下围棋也是如此。仅是这个“围”字，就有两个含义，一个含义是围住地域，另一个含义是围住棋子。这两种含义，一个防守，一个进攻，包括了矛盾的对立统一关系。在同一规则下，黑白轮流着子，机会均等，无论是围地也好，吃棋也罢，都是为了终局时所获的地盘多于对方。

与其他棋类游戏相比，围棋是一项讲求最高效率和最经济实惠的竞技游戏。说其讲求最高效率，是因为利益最大化的原则一直贯穿在围棋对局进程的始终。在变化莫测的棋局之中，那些看似杂乱无章的黑白棋子，却是同样地体现着自身的价值规律，棋局进程中的每一手，同样都是为了追求利益最大化；说其经济实惠，是指棋具简单，是花费最少的一个体育项目。

从棋理上来讲，在围棋的对局中，双方下出的每一手棋都应该达到最高的效率，也就是说要尽量以最少的棋子来围得最多的地域空间，这也是棋盘上两个竞争对手所拥有的一个共同的目标。大家知道，围棋中有“金角银边草肚皮”这句棋诀，它是指在围同样多的地盘时，棋盘的角上可以利用棋盘的两条底线，所以需要的棋子最少；棋盘的边上只能利用棋盘的一条底线，所以需要的棋子较多；在棋盘的中腹没有任何一条底线可以利用，所以需要的棋子是最多的。如果都是同样围成 2 目棋，在棋盘的角部只需要 6 颗子，在边上则需要 8 颗子，而在中腹就必须用 10 颗子了（见图 3－2）。这就完全说明了围棋子力的效率以及角、边、中腹的价值问题。当然，如果用 6 颗子仅在角上围成 2 目棋，这样的资源配置效率还是相当低的，因为在实战中用 6 颗棋子还可以围出更多的实地来。

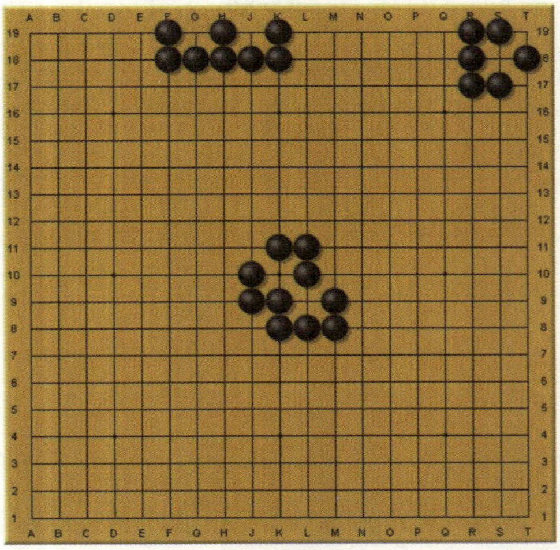

图 3－2　围棋中的金角银边草肚皮

在围棋对局中，如果说棋子以及轮流下子的机会就是对局者所掌握的资源，那么，只有把握住每一次下子的机会，把有限的子力资源配置在棋盘上最佳的位置，才能有机会获取比对手更多的地盘，从而夺取全局的胜利。

在经济学中，有一个衍生于棋类游戏被称作“博弈论”的理论，已经成为经济学中一个非常重要的理论。所谓博弈，就是相互配合、相互制约。我们知道，当两人下棋时，双方总是在互相猜测对方的战略意图和下一步的走法，同时也在不停地制定和变换应付对方的策略和走法。这就是说，对局双方的决策总是相互影响的，一方在制定决策的时候，必须将对手的决策思维也纳入自己的决策计划之中。对局者就是在错综复杂的相互影响中，在相互揣摩、相互牵制的过程中，做出最合理的选择，以确定最有利于自己的战略对策。

围棋是一个整体的战斗系统，不能拘泥于某一局部的得失。为了全局的利益，有时不得不舍弃局部的利益。如果不舍得放弃某些残子，就无法取得全局的主动。初学围棋的人有个共同的弱点，就是为了不让对方吃掉自己的一个子，百般挣扎，努力挽救，最后虽然成功逃生，但却丧失了主动和实地。高手下棋，当出现困境时，会把棋子下在既能解围，又能进攻，同时还能配合整体布局的一点上。俗话说，舍得舍得，先舍后得，没有舍也就没有得。舍弃虽然会很痛苦，但却会赢得成功。学会舍弃，既是一种策略，也是一种美德和责任。

the game of go

第四篇

围棋对弈中的数学计算

人的思维是一种特有的精神活动，包括对事物在表象、概念的基础上进行分析、综合、判断、推理等认识过程。思维有形象思维与逻辑思维之分。这两种思维关系密切，相辅相成。现代科学研究证明：人的思维发展是由形象思维渐入逻辑思维的，而围棋对弈正是这两种思维方式的具体运用。棋手要学会运用唯物辩证的思维方法，去正确认识和处理对弈中的各种矛盾。特别是要有敏锐的大局观，无论棋局多么复杂，只要你全局在胸，牢牢地把握住局部服从全局的原则，在每一个战役阶段，都能找出对全局起主导作用的主要矛盾，并看清矛盾的转化，时刻注意调整好局部与全局的关系，就必然会取得最终的胜利。有时，你虽然赢得了一个战役，却输掉了整个战争；有时，你尽管局部损失惨重，却取得了最终的胜利，这就是不同思维的结果。经常下棋，对于养成良好的思维习惯是很有益处的。一个人棋艺不断提高的过程，就是两种思维不断升华的过程。

在围棋的对局中，由于黑白双方都要连续不停地运用各种形象思维和逻辑思维，所以有人就把围棋看成一个优化思维方法的实验室。围棋的棋局中能够产生各种奇妙的图形，这些图形会作为逻辑思维的产物储存到人的大脑中，可以极好地锻炼头脑思维的条理化。

围棋从布局开始至终盘，其间定式选择、棋的死活、形势判断、收官先后和终局胜负，无一不与数字有关、无一不与计算有关，如：“对杀黑多一气”“黑盘面领先十目”“转换黑损三目”“黑先手官子四目”“白胜四分之一子”等。所以，围棋对弈中的思维方法与数学的思想方法是相通的。

一、布局中的思考与计算

1. 三连星布局

图 4－1：黑 1、3、5 构成三连星，它是如何构想的？

图 4－2：白 6 小飞挂，黑 7 尖顶，白 8 长，黑 9 跳，白 10 拆一，黑 11 并，白 12 小飞，黑 13 小飞，黑右下角构成模样，白四子棋形不好，缺眼形。

图 4－3：对比图 4－2，白不行。

图 4－4：不要急于打入，进入三连星设计的理想图，可以占其他的星位，建立好根据地，布好局，再进入战斗。

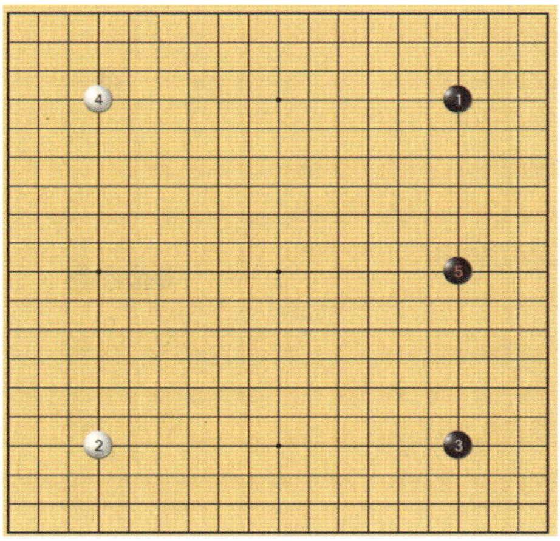

图 4－1

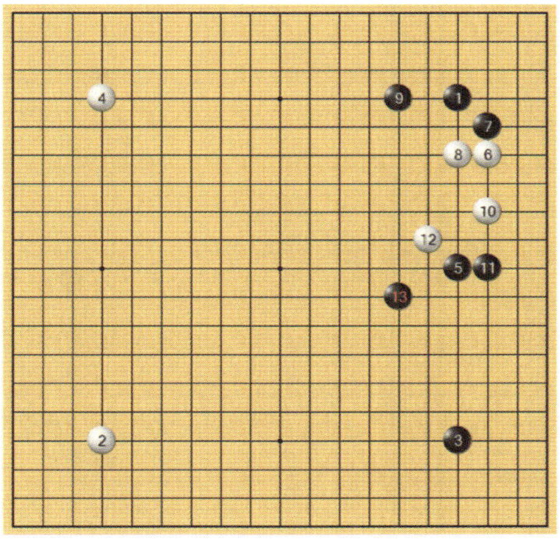

图 4－2

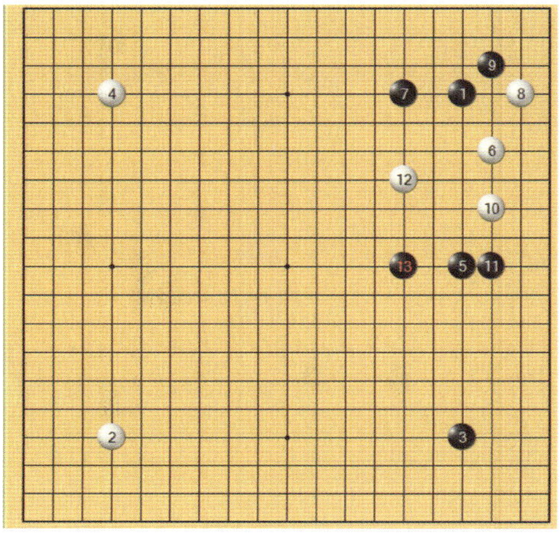

图 4－3

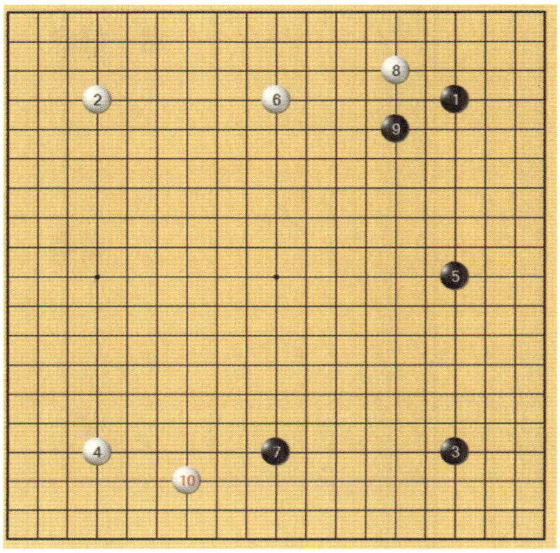

图 4－4

2. 中国流布局

图 4－5：黑 1、3、5 构成中国流布局，它比三连星低、更加重视实地，偏重黑 3、黑 5 的配合。

图 4－6：若白 6 小飞挂角，黑 7 尖顶、白 8 长、黑 9 飞，白 10 拆二、黑 11、白 12、白 14 长、黑 13、黑 15 长，则黑右上角构成大模样，白五子形状太差，还得出头。

图 4－7：若白在上行棋，即使如图 4－3，白也不好。

图 4－8：对“中国流”布局，强调不要着急进攻，自己可以先占星位、跳、飞，不要把黑棋顺势打成“形”，形成大模样。

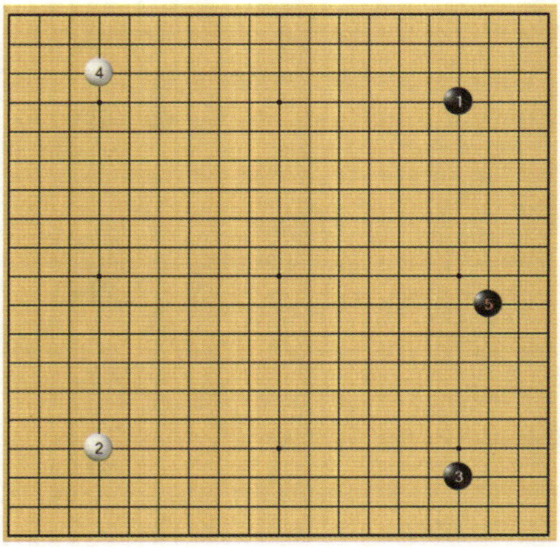

图 4－5

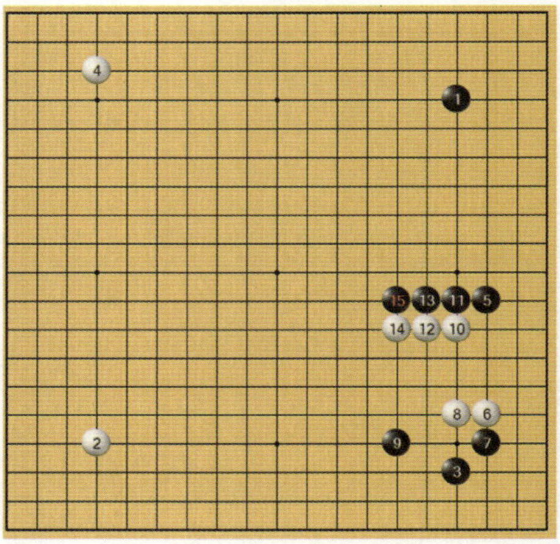

图 4－6

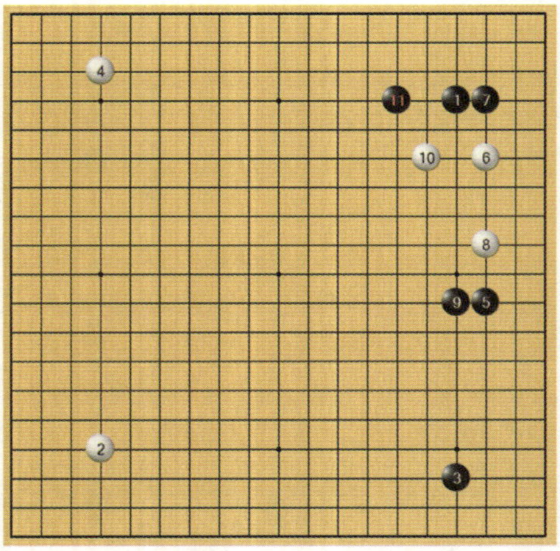

图 4－7

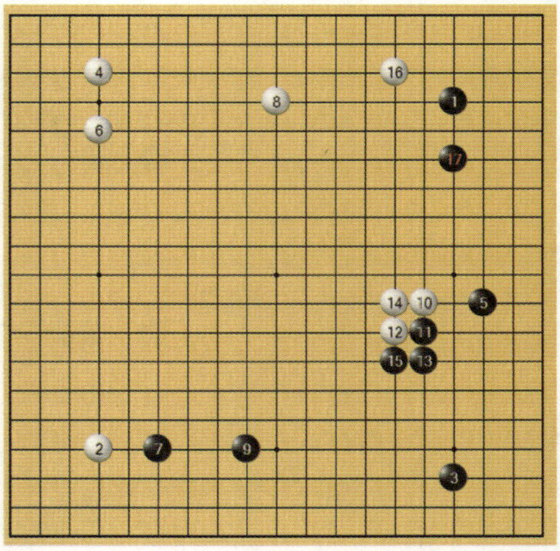

图 4－8

二、下一步在哪里落子

布局的要点：要注意下棋的次序，见图 4－9，棋盘上有 A、B、C、D 四个大场，正解？

黑先：黑 1 是攻防的要点，相当于先手 20 目以上。白 2 开拆、黑 3 托、白 4 挡、黑 5 开拆，白 6 跳守角。白 6 守角是后手，但也有 20 目以上（见图 4－10）。

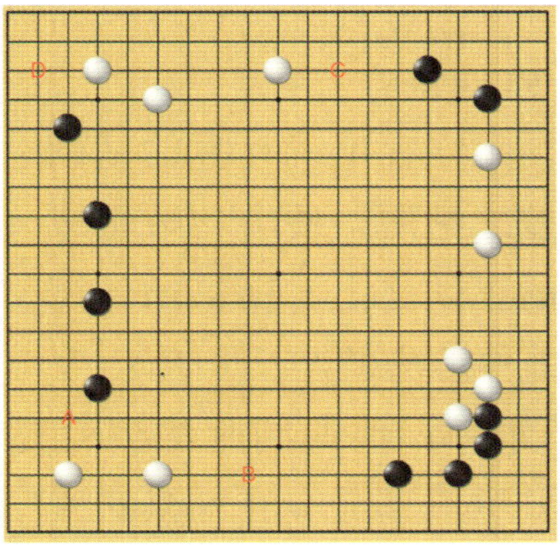

图 4－9

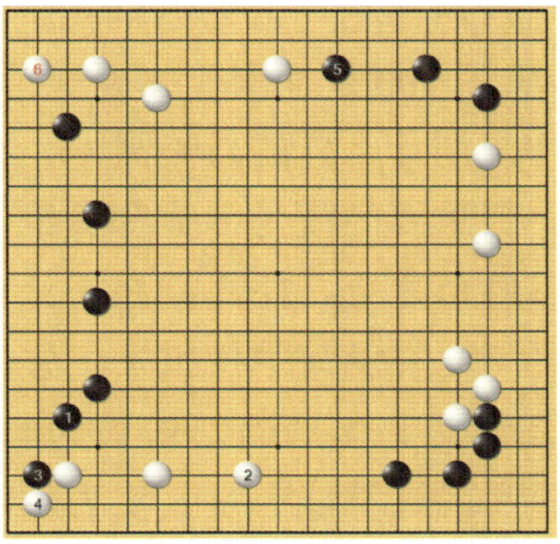

图 4－10

若黑 1 尖后，白 2 跳、黑 3 小飞进角、白 4 尖、黑 5 逼、白 6 并、黑 7 长（见图 4－11）。

计算得失：图 4－11 左上角，与图 4－10 相比，黑空相差约 12 目、白空相差约 10 目，出入共 22 目，同时黑还有利用的手段；左边：黑 6 颗子的搭配好；左下角：白棋约 14 目；右边和右下角，黑六子的搭配也很好，黑好下。

图 4－12：若黑 1 不在 1 位尖，而在 C 位开拆，则白 2 大飞，既破了黑空，又护了右下角，与图 4－11 相比黑要差很多，这一些着法都有 20 目以上的出入。

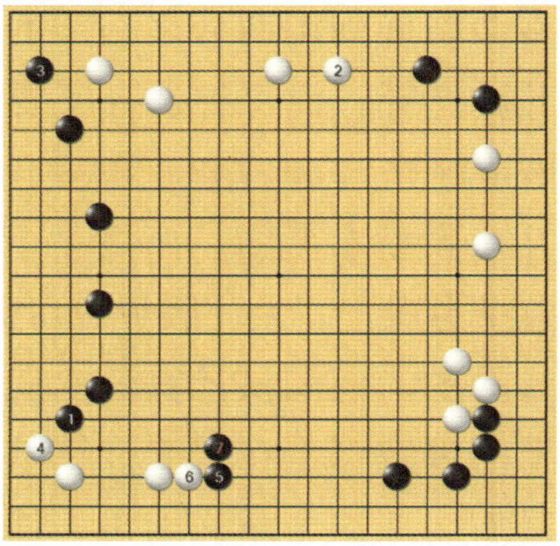

图 4－11

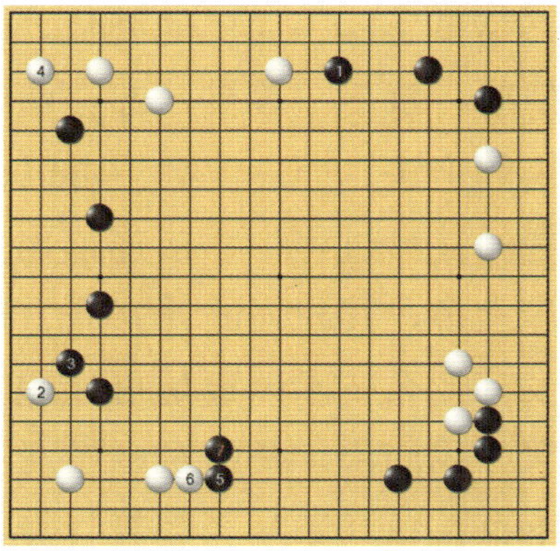

图 4－12

三、对弈中的计算

围棋不但具有变化的复杂性，而且也具有很强的运用数学计算来表示的量化性。由于围棋的计算贯穿全部过程，所以有的学者就把围棋称作“计算的科学”。早在东汉时期的《孙子算经》中，就有了关于围棋计算的记载。对局双方在棋盘上的较量，在一定意义上来讲，就是数学计算能力和计算准确度的较量。一盘棋从开始至结束，始终都离不开计算。古人对围棋早就有了“多算胜，少算不胜，而况于无算乎？”的定论。

对局中采用什么样的战略战术，必须建立在准确计算的基础上。而对局中的计算，最重要的就是多算和算准，差之毫厘，便会功败垂成。水平相当的棋手，其胜负之分，往往就在于计算的正误之上。围棋的计算，就是把自己和对方的下法在脑海中摆出来，分析哪种走法最佳。

韩国著名棋手李昌镐曾被誉为官子第一，他的制胜法宝就是精确的计算。一个棋手的计算能力是其实力的重要组成部分。在围棋对弈中，从布局开始至终盘结束，大场的价值、形势的判断、气数的长短、棋子的死活、地势的平衡、劫材的多少、官子目数的得损，都是离不开计算的。围棋计算的复杂性还在于各种计算并不是静态的，而是在动态之中进行的。

在对局中，要根据棋局的变化，在充满各种选择的动态之中进行不断的计算，要在心里解答对手给你出的这些“流动的算术题”。诸如：“对杀黑方多一气”“盘面白方领先十二目”“官子先手六目”等结论都是通过心中的计算得出来的。

在对胜负的判断上，能够数清楚双方所占有的目数是围棋计算的一个基本功。高手对弈时，往往棋盘上还有许多地域的归属尚未确定就已经计算出对局的最终结果了。一局棋的胜负，常常会精确到用四分之一子的数字来体现。通常情况，每下一着棋，都会面临几种选择，而每种选择又要至少计算出十几步棋的走法。而一流高手可以轻松地计算出 50 手以上的变化。聂卫平在一次比赛的复盘过程中，接连摆出了几个大型参考图，而每一个参考图都有四五十步之多，其超强的计算能力让人叹为观止、大开眼界。可以这样讲，在围棋中没有什么技术因素是可以脱离计算的。而围棋计算的本质就是对于棋局的理解。我们说，任何对围棋竞技上的理解都是在基于计算基础之上的理解，而不存在独立于甚至超越计算的理解。从这个意义上讲，计算能力是一个棋手应具备的最基本的能力。而棋手之间的所谓棋力水平高低的差距，从本质上来讲，也就是计算能力上的差距。无论是吴清源的快速、李昌镐的精妙，还是陈祖德的凌厉、聂卫平的厚重，这都是他们棋力水平超强的体现，也更是他们计算能力卓越的体现。

围棋变化的复杂性还直接影响计算的复杂性。作为对局者，在对局的过程中，始终都要运用数学思想和方法来进行各种形式的计算。这些计算不仅包括步数和目数这些带有数字意义的同步精确计算，还包括富有战略意图的概略计算，即所谓的“构想图”。除了加减乘除等一般计算方法外，还与组合数学、拓扑学、运筹学、模糊数学、概率论、纳什均衡等有关，同时也包含着形象思维和逻辑思维。从这个意义上讲，一个棋手的棋力可以理解为实现己方战略意图的能力。由于对手的存在，你的战略意图要时时被对手破坏，所以仅仅构思一种战略意图是不行的，要有多种随机应变的战略意图。例如在己方一块孤棋受攻时，除了逃跑联络外，还可以考虑就地做活，或是顽强反击，也可以考虑弃子转换。同样，攻击一方也有种种的战略意图。如何在各种战略意图的比较中寻求对胜负结果最有影响力的着法，那就看你善于比较、善于计算的基本功了。你如果对棋局中经常出现的棋形规律有了较深的认识，那就会熟中生巧，一眼就能看出应对的着法，使复杂的计算变得简单化了。有人将其形容为“计算的快捷方式”。省略了计算的原始步骤，从而成倍地提高了计算的效率。在开局或中盘阶段，棋手往往会凭棋理、感觉、对棋盘上棋的形状来着子，而着子的根据并不能计算得十分清楚、准确，只能是一种模糊的计算，一种“神奇”的感觉。子落棋盘，往往就产生了玄妙的一手，产生那种似乎即使再仔细计算也不可能发现的绝招。这就意味着，当局面使得棋手无法计算清楚的时候，这时做出的最佳选择往往是将局面导向更为复杂的局面，而把思考和理解上的负担转嫁给对手，这也可以说是战略上的一种正确选择。正因为这时的着法不是完全通过计算而得出的着法，因而带有相当强的不确定性，所以会被称为“感觉好”的一手，或是“朦胧的妙手”。

此外，对于行棋的计算，还往往表现在行棋的次序上，而行棋先后次序的正确与否，往往会关系到一局棋的胜负。所谓“妙手”和“恶手”的区分，有时仅仅只是因为行棋次序的不同。及时地抢占局中的某一点，有时可称为上乘“妙手”；但如果不到时机或错过时机，在同一处投子就可能变成了“恶手”。所以在下棋时，精确地计算和把握行棋的次序，做到落子井然有序也是至关重要的。

纵观历史，围棋之所以千百年来为世人所喜爱，也正是由于在千变万化的棋局中，充满了无穷无尽的数学内涵，人们能在围棋中领略到数学的真谛和乐趣。在一定的意义上说，围棋真的是一个深奥莫测的数学王国。离开了数学，围棋也就不称为围棋了。有人称围棋是“数学的艺术，智慧的化身”，可以说是恰到好处，十分贴切。只要你置身这充满数学的黑白世界，在智慧的角逐和精心的计算中，就能够得到无穷的乐趣和意想不到的收获。

四、大场的选择

在布局阶段，大场的正确选择是布局战略的重要组成部分，选择正确，使自己在作战中始终处于主动。同时在布局中要经常估算双方的目数。

图 4－13：问题：大场在哪里？面对黑方的较大发展趋势，应该下在何处？

图 4－14：白先：白 1 小飞挂角，黑 1“并”守角大，白 3 若拆三，黑 4 及时打入，白 5、黑 6、白 7 断、黑 8 打吃，白 9 反打，黑 10、白 11、黑 12、白 13 打吃，黑 14 提白 5。这一局部的作战，黑得到实地，角部实地都进一步得到巩固，白棋损失了实地，还有数子不安定。

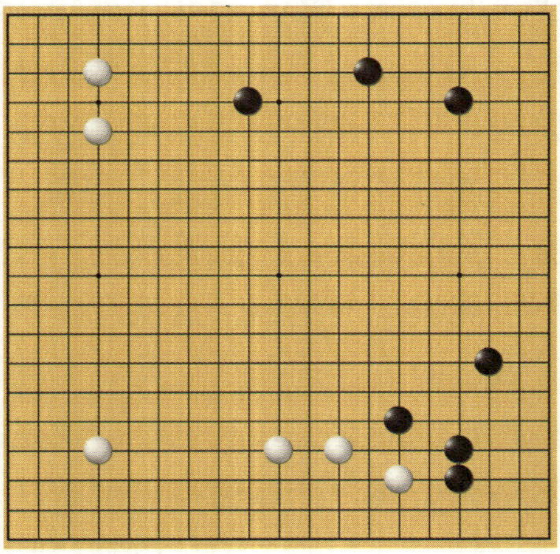

图 4－13

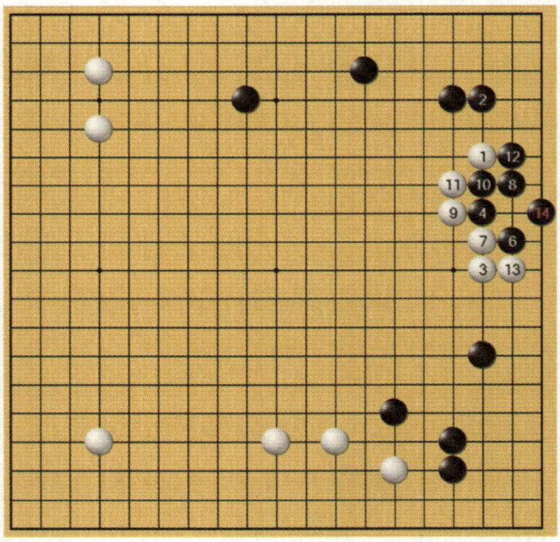

图 4－14

图 4－15：接上，若白 3 拆四，黑 4 打入，白 5 跳，黑 6 跳，白陷入两方不能兼顾的被动局面。

图 4－16：白 3 拆二，黑对此二子很难发动攻击。所以，黑 4 占另一个大场，白 5 大飞“挡”，黑 6 拆二，双方取得大致的平衡状态。

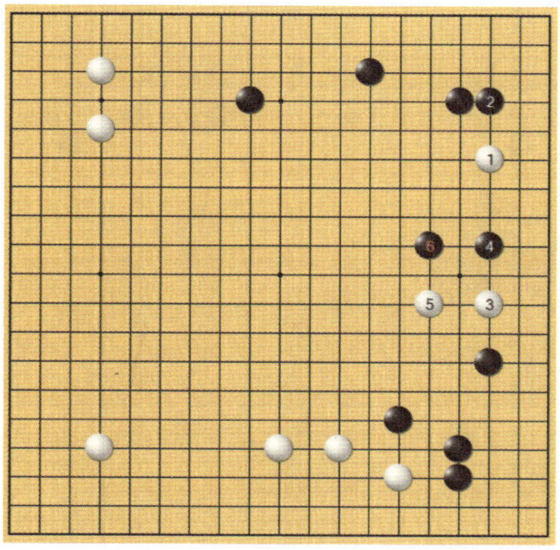

图 4 - 15

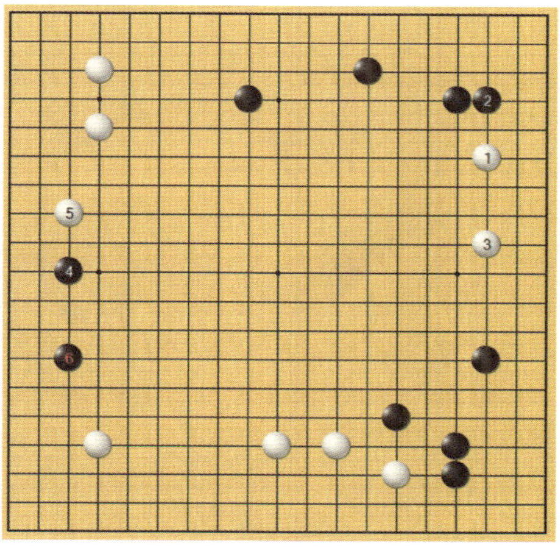

图 4 - 16

图 4－17：问题：黑白双方各三子，位置相同、对称，黑棋应该从哪儿入手?

图 4－18：黑 1 开拆，白 2 逼，黑 3 拆二，白 4 拆二，双方再次形成对称。黑的先手优势没有发挥作用。

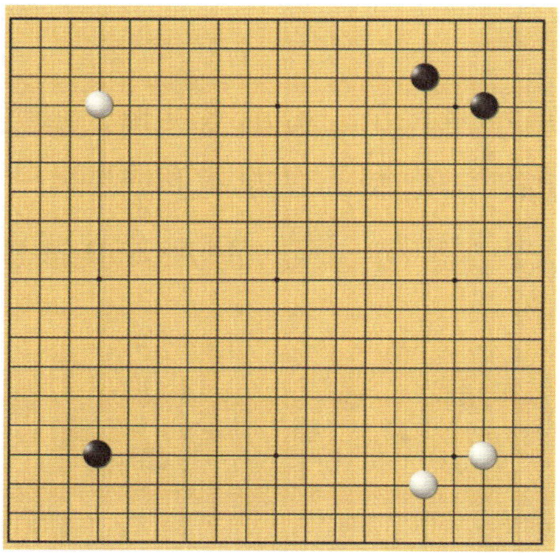

图 4 - 17

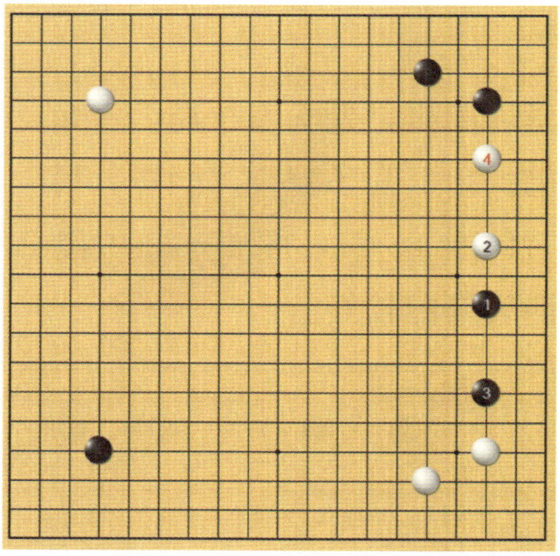

图 4 - 18

图 4－19：黑 1 比白 2 少拆一路，白 2 打入，黑 3 拆二，白 4、黑 5、白 6、黑 7。黑 1、3、7 建立了根据地，白 2、4、6 受攻击，作战，黑有利。

图 4－20：黑 1、白 2、黑 3、注意：黑四子互相配合成“箱形”，是黑的理想形。白 4、黑 5 小飞挂角，白 6、黑 7 小飞进角，白 8，黑 9，白 10 小飞挂角，黑 11，白 12，黑 13，白 14，黑 15 继续扩大“箱”形。黑白双方基本做到平衡。黑好下。

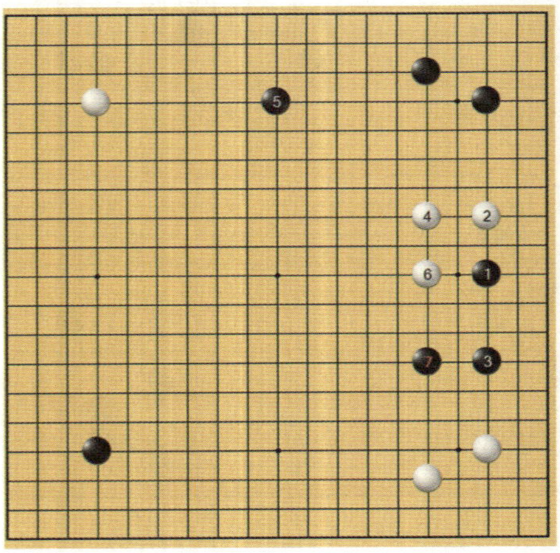

图 4－19

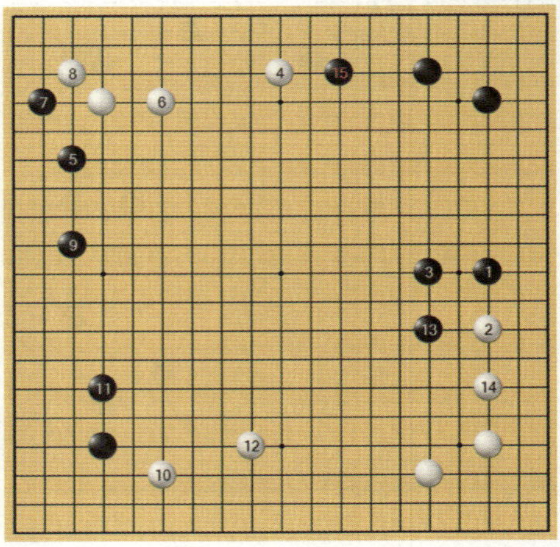

图 4－20

占据大场是为了获得实地，但是占了大场并不能保证最终成为实地，从大场到实地往往还有漫长而曲折的过程。

占据大场有时是为了扩大自己的阵容，有时是为了限制对方的扩张，更多的是两者兼而有之，占据大场后，在未来的争斗中就处于主动的、有利的地位。

学习围棋，先学习布局，占角，然后小飞挂角，再小飞进角，拆二守边与自己的角上几子配合；同样，另一方也如法炮制。双方就形成图 4－21 的型。对照图 4－21，图 4－22 中黑 21 的小飞改为“跳”，棋形会有变化，三线、四线搭配较好。

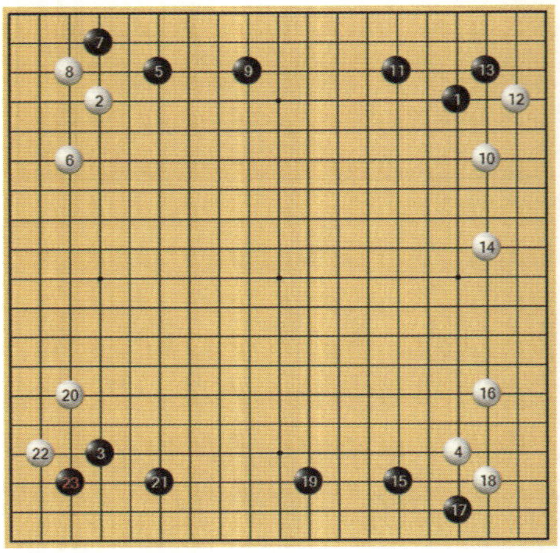

图 4－21

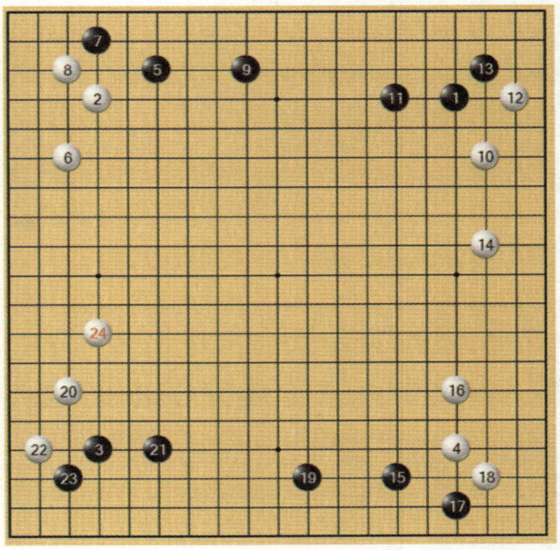

图 4－22

五、围棋对弈中的计算

一般布局阶段有20来着，每一着棋都要发挥很大的威力。在这个阶段，对局双方一般都要先占角，各占两个角，而后拆边，双方各需要10个左右子，角、边就基本搞定了。但是一般棋手不了解自己的角上两子或三子、边上两子或三子的作用及目数。要通过计算来了解在布局阶段自己的棋所占的空以及自己的棋形的作用。

1. 白先，黑棋有几气

图4-23：黑棋有几口气？图4-24：黑棋有几口气？图4-25：黑棋有几口气？（刀把五有几口气？）图4-26：黑棋有几口气？（聚六有几口气？）

图4-23

图4-24

图4-25

图4-26

2. 角上的空（两子），计算它们的目数（见图4-27～图4-30）

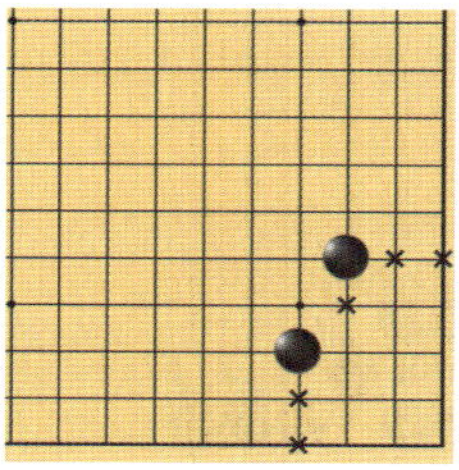

图4-27

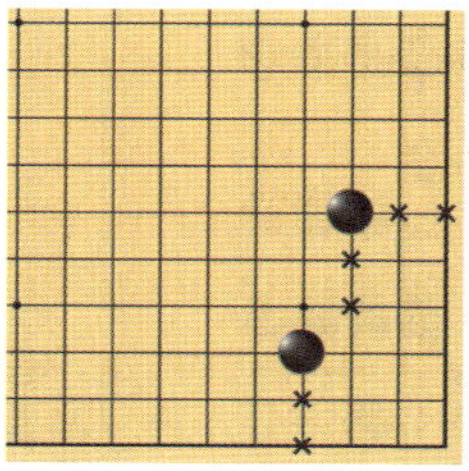

图4-28

图4-29

图4-30

3. 边上的空，计算它们的目数（见图 4－31、图 4－32）

图 4－31

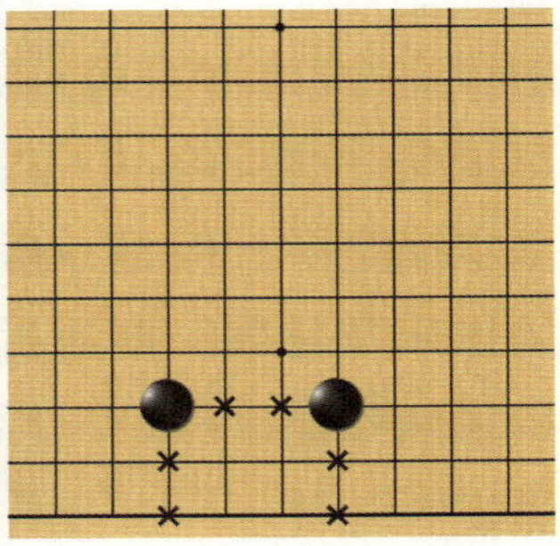

图 4－32

4. 角上的空（三子），计算它们的目数（见图 4－33～图 4－36）

图 4－33

图 4－34

图 4－35

图 4－36

5. 数一数黑棋、白棋所围的空有几目（见图 4－37～图 4－39）

某一个局部基本确定后，就可以数目。

图 4－37

图 4－38

图 4－39

6. 围棋死活计算（见图 4－40 至图 4－55）

第 1 题

图 4－40　白先

第 2 题

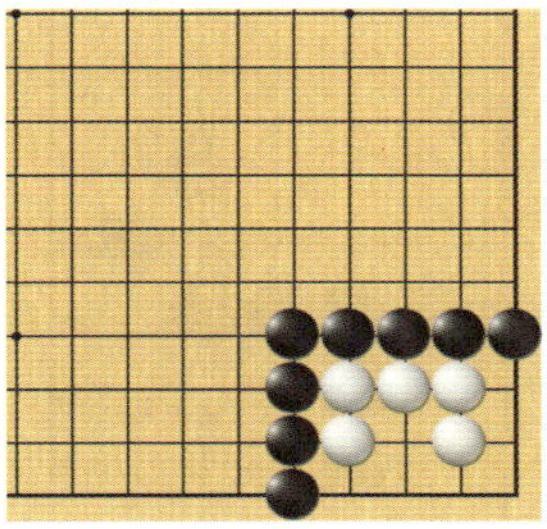

图 4－41　白先

第 3 题

图 4－42　白先

第 4 题

图 4－43　白先

第 5 题

图 4－44　黑先

第 6 题

图 4－45　黑先

第 7 题

图 4－46　黑先

第 8 题

图 4－47　黑先

第 9 题

图 4－48　黑先

第 10 题

图 4－49　黑先

第 11 题

图 4－50　黑先

第 12 题

图 4－51　黑先

第 13 题

图 4－52　黑先

第 14 题

图 4－53　黑先

第 15 题

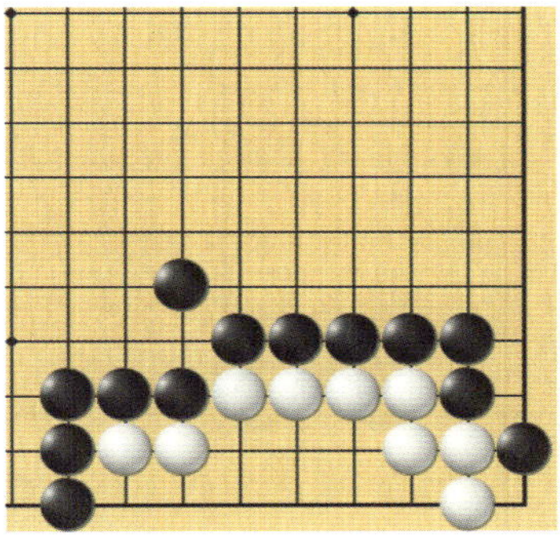

图 4－54　黑先

第 16 题

图 4－55　黑先

7. 利用倒脱鞋手段杀棋

倒脱鞋：就是主动送给对方一颗或几颗棋子，然后在被对方提掉的空间下子，吃掉对方几子，使自己的棋成活或杀死对方的棋。

图 4－56：被黑棋包围在右上角的白方吃住了黑×四子，角上有眼位，似乎是活棋；

图 4－57：黑 1 叫吃白○两子，白 2 吃掉黑×四子；

图 4－58：黑 3 叫吃白 2 等三子，白 4 提黑 1；

图 4－59：黑 5 追吃白 2 等三子，这三子接不归被吃，白棋在角上无法做出两眼，整块棋死。黑方“倒脱鞋”手段吃掉这片被围白子。

图 4－56

图 4－57

图 4－58

图 4－59

利用倒脱鞋手段活棋（白先）

图 4－60：黑棋被白棋围。

图 4－61：白 1 点入，黑 2 做眼。

图 4－62：白 3 刺入双吃，黑 4 提吃白 1、白 3。

图 4－63：白 5 双吃，黑 6 接，舍黑四子，白 7 提黑四子，黑 8 吃回白 5、7 两子，用“倒脱鞋”，做活整块棋（注：白 5 以下自己摆出）。

图 4－60

图 4－61

图 4－62

图 4－63

滚打包收

图 4－64：黑棋被白三子分成了两块，如何吃掉白三子，使两块黑棋活成一块？

图 4－65：黑 1“扳”挡住白方的出头，白 2 叫吃黑一子，黑 3 叫吃白三子。

图 4－66：白 4 提吃黑×一子，黑 5 再叫吃白三子，白 6 连接，黑 7 滚打包收。

图 4－64

图 4－65

图 4－66

收官阶段：确定官子的先后、计算官子的大小见图 4 - 67 至图 4 - 80。

第 1 题

图 4 - 67

第 2 题

图 4 - 68

第 3 题

图 4 - 69

第 4 题

图 4 - 70

第 5 题

图 4 - 71

第 6 题

图 4 - 72

第 7 题

图 4 - 73

第 8 题

图 4 - 74

第 9 题

图 4 - 75

第 10 题

图 4 - 76

第 11 题

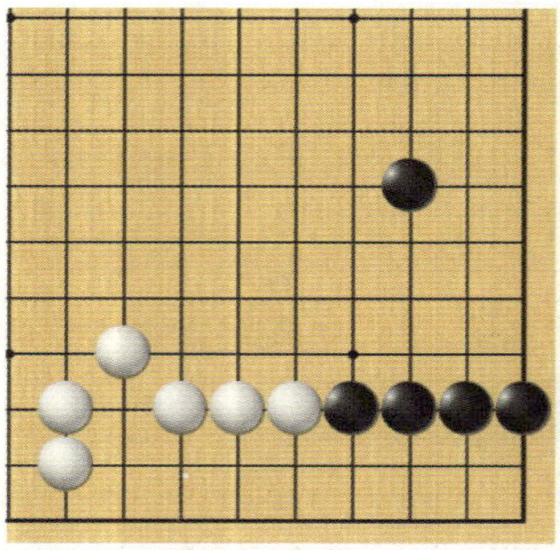

图 4 - 77

第 12 题

图 4 - 78

第 13 题

图 4－79

第 14 题

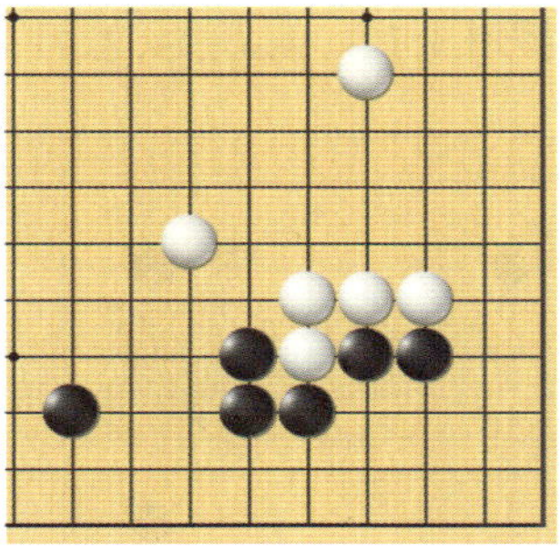

图 4－80

8. 纠缠中的气

对局中经常出现黑白双方互相纠缠在一起的情景，黑白双方要计算双方的“气”数（见图 4－81 至图 4－84）。

第 1 题

图 4－81

第 2 题

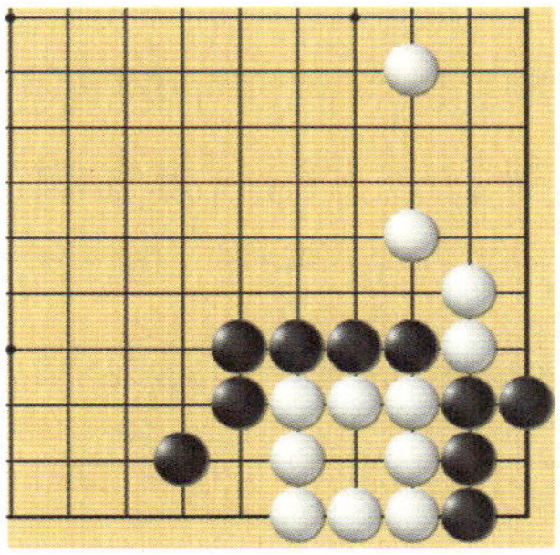

图 4－82

第 3 题

图 4－83

第 4 题

图 4－84

六、攻击中的选择与计算

攻击的目的：攻击中把对方吃掉；攻击中扩大模样、巩固地盘。

图 4－85、图 4－86：请观察、比较两个图黑子、白子的布局，现轮黑先行，右上边有四颗白子，黑应该怎样对白四子攻击？

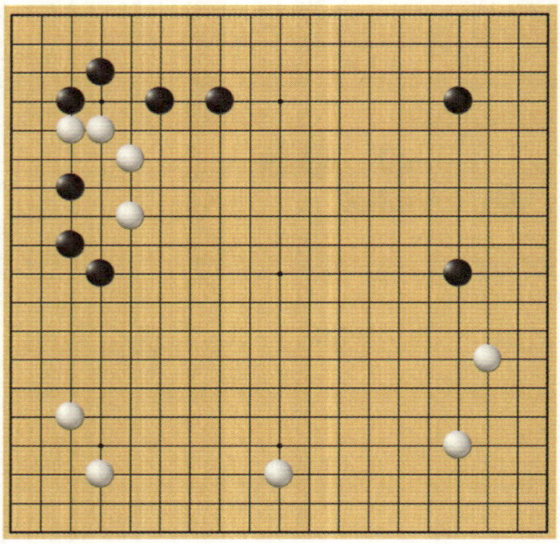

图 4－85

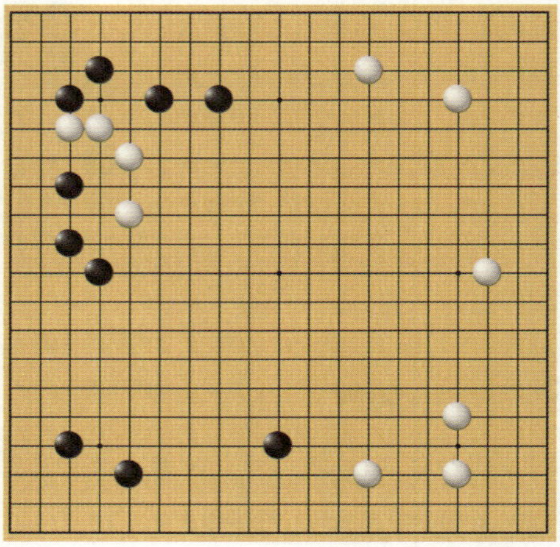

图 4－86

图 4－87：黑 1 封对白四子的攻击、黑 3 飞追击。但是白 4 跳出后，对黑进行了侵消；黑对右上方的白棋影响不大。

图 4－88：黑 1 飞攻严厉、黑 3 追击，这样使左下方黑的模样壮大了许多，白进入黑模样不太容易，这是黑方简明易下的局面。

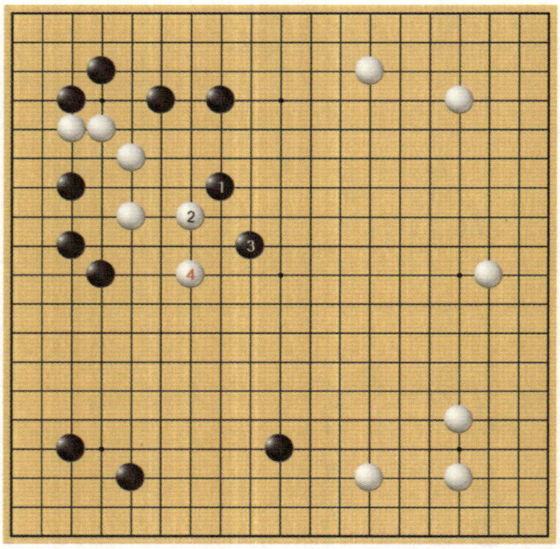

图 4－87

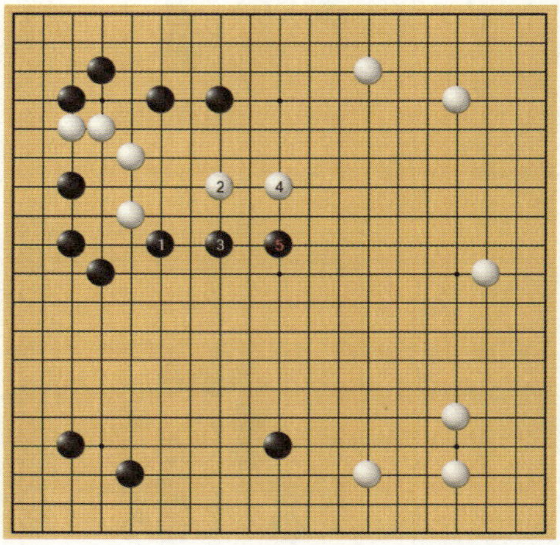

图 4－88

图 4－89：黑 1 对白四子的攻击严厉、黑 3 追击。但是白 4 跳出后，对黑进行了侵消；黑对右上方的白棋影响不大。

图 4－90：黑 1 的封严厉、黑 3 飞追击，这样使右上黑的模样壮大了许

多，白进入黑模样不太容易，这是黑方简明易下的局面。

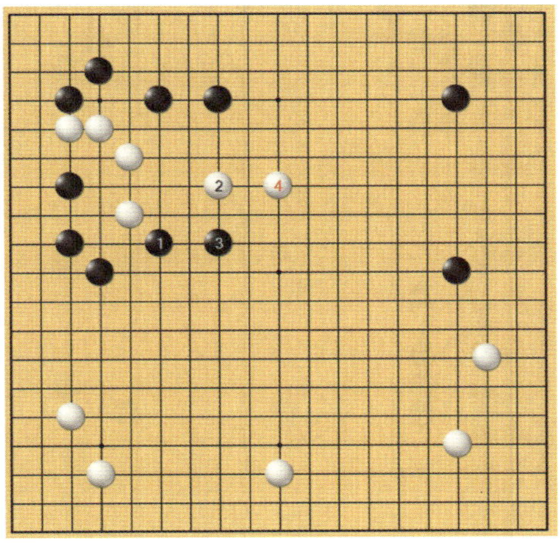

图 4-89

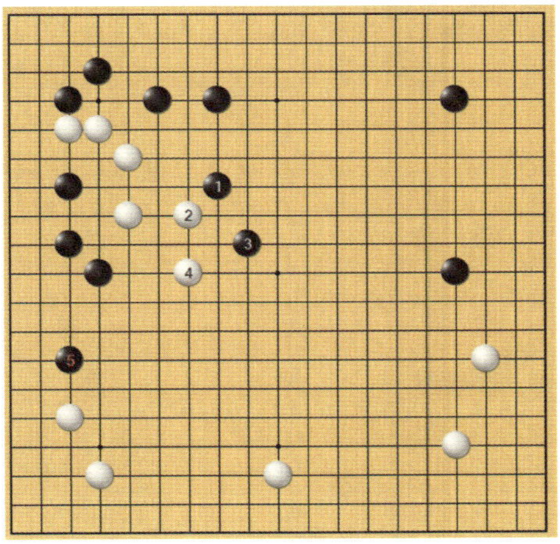

图 4-90

七、布局后的计算

图 4-91：黑方：左上：6 目；左边：约 17 目；右边：23 目；黑合计：46 目。

白方：左上：9 目；右上：25 目；左下：7 目；右下：7 目；白合计：45 目。

图 4-92：黑方：左上：16 目；右上：11 目；右下边：17 目；黑合计：44 目。

白方：上边：4 目；左边：30 目；下边：4 目；右边：4 目；白合计：44 目。

图 4-93：黑方：上边：9 目；左边：9 目；右上：15 目；右下：11 目；黑合计：44 目。

白方：左上：15 目；左下：15 目；上边：4 目；右边：4 目；白合计：38 目。

图 4-94：黑空：左上：15 目；左下：10 目；右边：21 目；黑合计：46 目。

白空：左边：4 目；右上：15 目；右下：15 目；白合计：45 目。

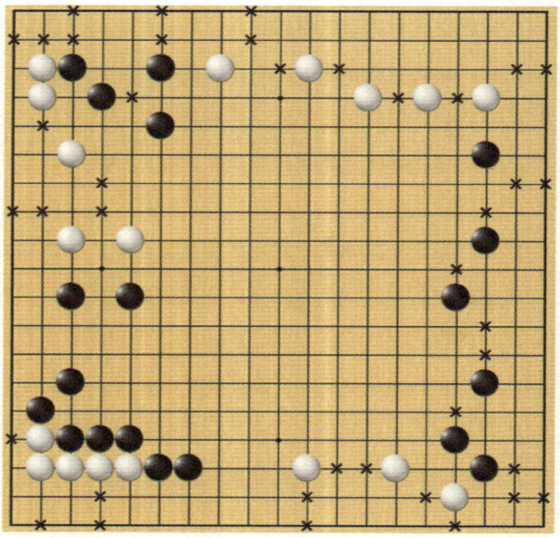

图 4－91

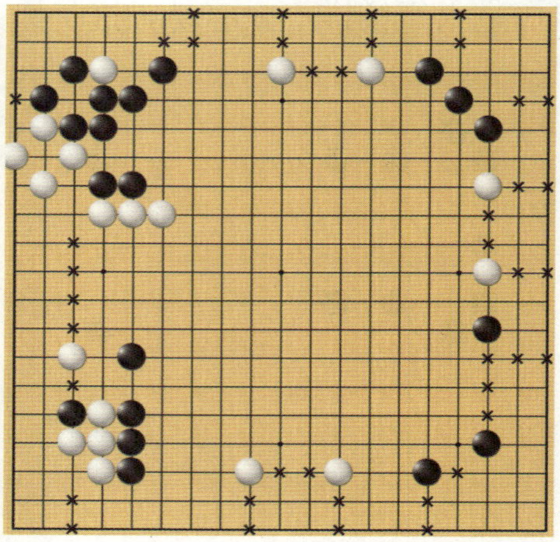

图 4－92

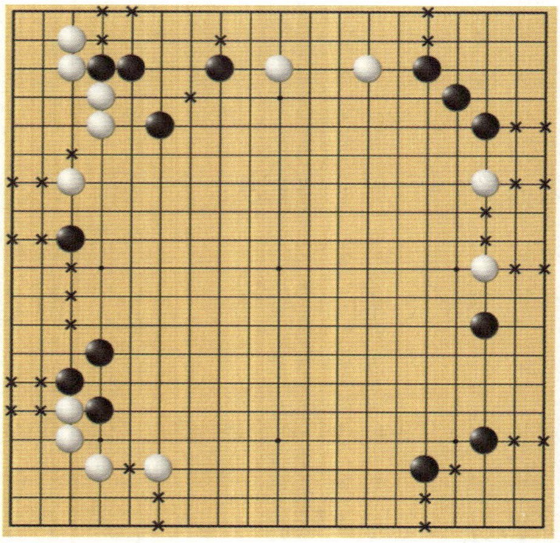

图 4－93

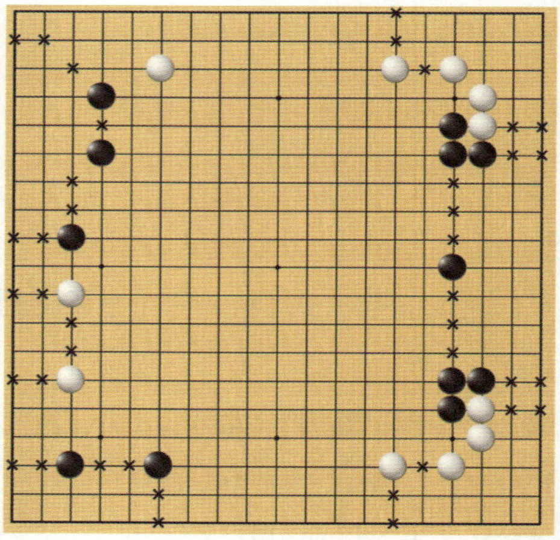

图 4－94

八、收官的选择与计算

收官阶段中腹大，还是边角大？

图 4－95：已经进行到收官阶段，是中腹围空，还是边角边作战边围空？

图 4－96：黑 1、黑 3 决定中腹围空，白 2、白 4 跳，黑 5、黑 7、黑 9 围起了中空，但是中腹所围的是十多目，而白棋上方增加 20 目，黑棋这几个回合损失有 20 多目，已成败势。

图 4－97：黑 1 逼，白 2 必须尖顶，黑 3，白 4 小飞，黑 5 小飞，白 6 黑 7，这几回合，黑棋右上边、角有 20 多目，此役，黑优。

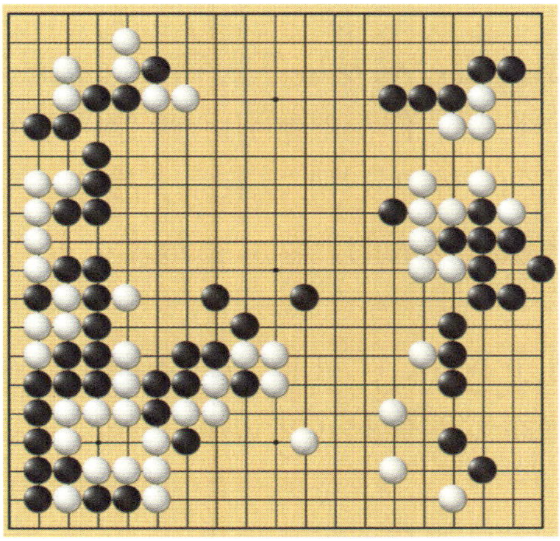

图 4 - 95

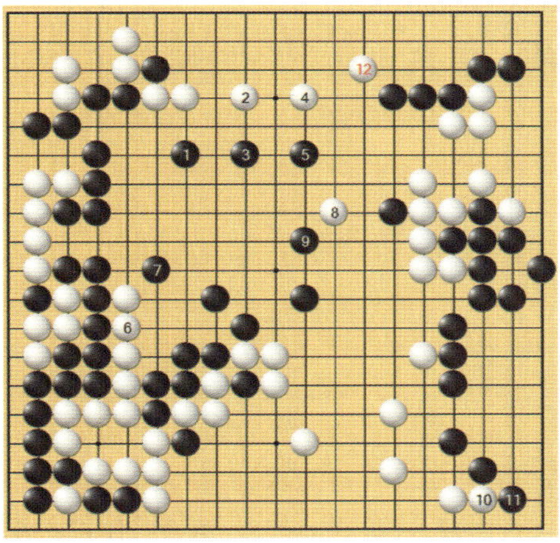

图 4 - 96

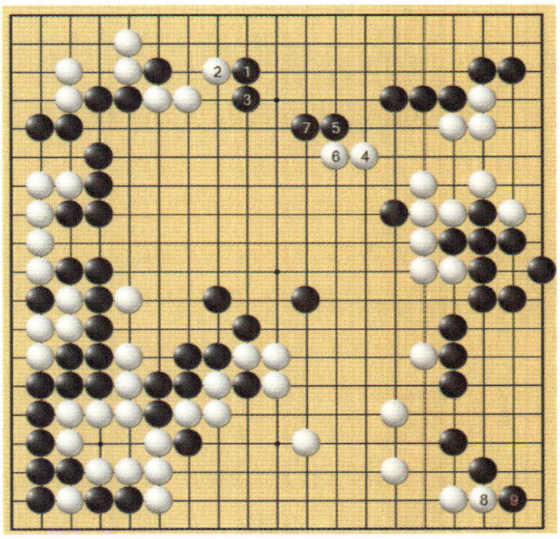

图 4 - 97

结论：一般地，进入官子后，是中间小，角上大。官子要从角上收起。

下围棋是一种两个人竞争的智力游戏，不需要他人参与和帮忙。因此，下棋的过程就是独立思考、独立解决问题的过程。

在围棋的教学和学习中，改变了以老师为主体、以知识为本位的教学模式。围棋老师从主导者转变为了辅导者，使学生从接触围棋开始，就克服依赖思想。老师绝不会告诉学生每一步棋应该走在哪里。学棋者要独立地面对各种棋局，自己想办法解决棋盘上存在的种种问题，这样，学习的方式就从被动地接受转到了主动地探究。下棋时，布局怎样构思，中盘怎样开辟战场，收官怎样选择次序，如何判断形势，如何应付对方的着法等，都需要开动脑筋，进行独立思考。

棋盘上的形势瞬息万变，对方每下一颗子，就是在向你提出一个问题，面对对方提出的一个个难题，你都必须用心思索，靠自己的能力来解答，靠自己的准确判断和巧妙的招法去战胜对手。实战中，要想使自己下的棋经得起推敲，在战略上符合棋势发展的方向，在战术上精确仔细，尽量没有漏洞，就要绞尽脑汁。

这样，在一次次你争我夺、生死搏杀的乐趣中，在不断提出问题和解决问题的过程中，就自然而然地提高了独立解决问题的能力，养成凡事靠自己的习惯。

围棋能使学生在下棋过程中充分表达内心情感，展现自己的思想，主动地发展自我，真正地离开老师和家长的干预，依靠自己，独立地完成每一件事。独立思考问题、独立解决问题能力的不断提高，会增强独立面对各种事情的信心，从而锻炼独立自强的意志品质，当真正遇到各种现实问题时，能够依靠自己的聪明才智从容应对。

第四篇参考答案

1.【解答】

图 4－26 聚六的气多于六口。从左至右、至下，气数分别为：5＋4＋3＋2＋1＝15，聚六是死棋，但是有 15 气。白吃黑，花 15 手，杀黑并不容易。

本图白连续放五颗子，打吃黑

本图白继续放四颗子，打吃黑

本图白再放三颗子，打吃黑

本图白再放两颗子，打吃黑

本图白再放一颗子，打吃黑

2.【解答】

图 4－27 小飞缔：用×围住的交叉点是黑空，有 11 目。小飞缔在三线，占空不多，但都是实空。

图 4－28 大飞缔：用×围住的交叉点是黑空，有 13 目。但是大飞缔是薄形，不能说有利。

图 4－29 两小尖：用×围住的交叉点是黑空，有 9 目，比较尖实。

图 4－30 一间缔：用×围住的交叉点是黑空，有 12 目，有一方比较薄。

3.【解答】

如图 4－31：两子二间跳，在×内，仅算 4 目；

如图 4－32：两子二间跳，再二间跳，在×内，仅算 10 目。

4.【解答】

在星位：无论是小飞、大飞，都存在被点三·三的弱点，如果能加一个小尖，角部的空就基本确定了。

如图 4－33：小飞后再尖，三子围成的空是结实的，把×围住的交叉点作为黑空，算有 17 目。

如图 4－34：大飞后再尖，三子围成的空是结实的，把×围住的交叉点作为黑空，算有 19 目。

如图 4－35：星位两边尖，有 15 目。

如图 4－36：小飞缔加拆二，这是常见的形，有 17 目。

以上的计算仅仅是二子或三子所围“角”“边”部分的目，并不包括其向外的发展。

5.【解答】

图 4－37 中：黑棋围了 10 目。

图 4－38 中：两块黑棋各围了 11 目，共计 22 目；白棋有 12 目。

图 4－39 中：黑棋中有××的地方为提子，提了 2 子，算 4 目，加上其他的 8 目，共计 12 目。

6.【解答】

第 1 题【解答】

图 1：白 1 点，黑 2、白 3 挡，否则黑 2 退回，黑 4、白 5，黑棋在外紧气，白棋即死。若白棋在黑 6 的位置，则黑在白 5，此时白棋仅有一只眼。

图 2：白 1、黑 2、白 3、黑 4、白 5、黑 6，白棋仅有一只眼。

第 2 题【解答】

图 1：（白棋失败）白 1、黑 2 点，白 3 叫吃，黑 4，白不能入，白棋死。

图 2：（正解）白 1 做眼，黑 2 拐，白 3 挡，白棋活棋。

第 1 题

图 1

图 2

第 2 题

图 1

图 2

第 3 题【解答】

图 1：（黑棋失败）黑 1 点，白 2、黑 3、白 4 成劫。图 2：（正解）黑 1 点，白 2 夹，黑 3，白不能叫吃，白棋死。

第 4 题【解答】

图 1：（白棋失败）白先，白 1、黑 2、白 3 必须挡住，黑 4，白只能打劫活。图 2：（正解）白 1 角上做一只眼，黑 2、白 3 挡，黑 4、白 5 挡，白活棋。

第 3 题

图 1

图 2

第 4 题

图 1

图 2

第 5 题【解答】

图 1：黑 1 夹渡，白 2 扳挡，黑 3 立，白 4 立，黑 5，白棋只有一只眼，白死。图 2：黑 1 扳，白 2、黑 3 点，白 4 阻渡，黑 7，白棋只有一只眼，白死。

第 6 题【解答】

图 1：（白棋失败）黑 1 点，白 2 扳，黑 3 尖，白 4 打吃，黑 5 粘、白 6 团眼，黑 7 扳，白不得入，净死。

图 2：（白最好结果）黑 1 点，白 2 扳，黑 3 尖，白 4 团眼，黑 5 打劫。

第 5 题

图 1

图 2

第 6 题

图 1

图 2

第 7 题【解答】

图 1：黑 1 扳，白 2 点，白 4 挡，黑 5 扳，白 6 挡打吃，黑 7，白棋只有一只眼，白死。

图 2：黑 1 扳，白 2 挡，至黑 7，白角“盘角曲四”，劫尽棋亡。

第 8 题【解答】

图 1：（黑棋失败）黑 1 断，白 2 贴，黑 3 扳，白 4 打吃，白两眼活棋。

图 2：（正解）黑 1 扳，白 2 挡，黑 3 断，白 4，黑成“金鸡独立”，白两边不入子。

第 7 题

图 1

图 2

第 8 题

图 1

图 2

第 9 题【解答】

图 1：黑 1 跳，白 2 穿，黑 3 要与黑 1 连接，白是否只能吃黑的两子？

图 2：（黑棋失败）白 4 在角上着子叫吃黑 1，黑 5（三子）吃白 4，白 6 吃黑三子，黑 7 吃白 6，白 8 双叫吃、黑九，白成打劫活。

图 3：（正解）黑 1 成弯三，白 2 打吃，黑 4 成方四，白只有一眼，死棋。

第 9 题

图 1

图 2

图 3

第 10 题【解答】

图 1：（正解）黑 1 夹，白 2、黑 3 长，白 4 阻渡，黑 5 打吃，白 6 反打扑吃，白棋活。

图 2：（正解）黑 1 夹，白 2 立阻渡，黑 3 尖，白 4 粘，黑 5 立，白 6 打吃黑 3、黑 7 只能接，白粘后打吃黑四子，白棋活。

图 3：（正解）黑 1 夹，白 2 立阻渡、黑 3 长，白 4 粘，黑 5 拐，白 6 挤，黑 7 立，白 8 粘后打吃黑四子，白棋活。

第 10 题

图 1

图 2

图 3

第 11 题【解答】

图 1：（正解）黑 1 点（同型点中间），白 2 接，黑 3 尖断，白 4 打吃，黑 5、白 6 打吃，黑 7、白 8 吃黑四子，白棋活了？

图 2：黑 9 点、白 10 做眼，黑 11 断，白两边都不能入子，白死。

图 3：（正解）黑 1 点，白 2、黑 3 尖要扑白三子，白 4 接，黑 5 破眼，白 6，白两边都不能入子，白死。

第 11 题

图 1

图 2

图 3

第 12 题【解答】

图 1：（黑棋失败）黑 1 立，白 2 做角眼，黑 3、白 4 打吃，黑 5 退，白 6 活棋。

图 2：黑 1 扳，白 2 挡，黑 3 点，黑 4 打吃，黑 5 反打吃，白 6 提，黑 7 立，白做不出两眼，白死棋。

第 12 题

图 1

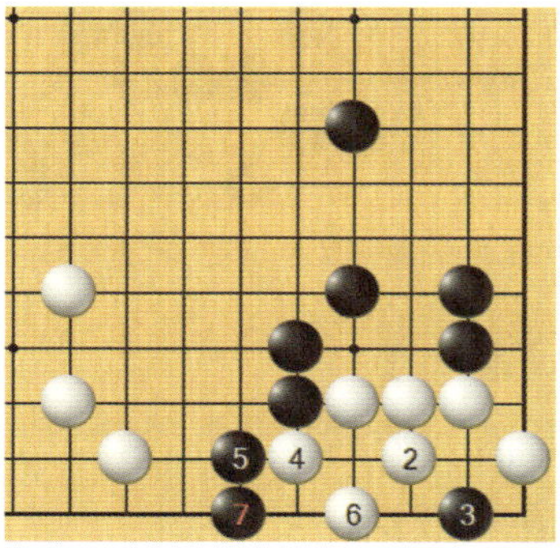
图 2

第 13 题【解答】

图 1：（黑棋失败）黑 1、白 2 后，成为双活。

图 2：（正解）黑 1、白 2 阻渡，黑 3 后，黑棋成为丁四，白做不出两眼，白棋死。

图 1

图 2

第 14 题【解答】

图 1：（黑棋失败）黑 1 扳，白 2 提，白可做出两眼。

图 2：（正解）黑 1 成方四，白 2、黑 3 做成刀把五，白无法做出两眼。

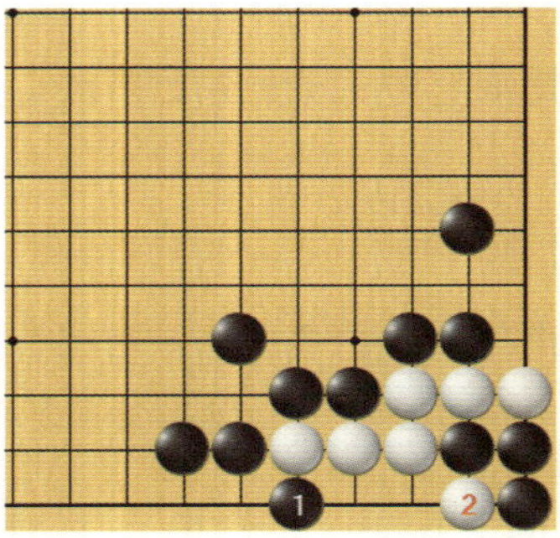

图 1

图 2

第 15 题【解答】

图 1：（黑棋失败）黑 1、白 2、黑 3 打吃白 2，白 4 打吃黑 3，黑 5 提白 2，白 6 后，成为双活。

图 2：（正解）黑 1 断吃白两子，白 2 打吃，黑 3 点，白 4 提，黑 5 拐，白 6 做眼，黑 7 破眼，白只有一只眼，死棋。

图 1

图 2

第 16 题【解答】

图 1：（黑棋失败）黑 1 点，白 2 拐，黑 3 打吃，白 4 反吃黑 1。

图 2：黑 5 打吃，白 6 吃黑两子，黑 7“打二还一”，白 8 紧气，黑 9 粘，白 10 打吃，黑差一气被吃。

图 3：（正解）黑 1 靠是手筋（二一路多妙手），白 2 打吃，黑 3 打吃，白 4 紧气，黑 5 打吃成为紧气劫。

图 1

图 2

图 3

7.【解答】

第 1 题【解答】图 1 中 A 点为双方后手。

图 1：黑先：黑 1 后，黑地为 11 目。

图 2：白先：白 1 后，黑地为 9 目。计算白 1 或黑 1 的价值，公式为：11－9＝2。

图 1

图 2

第 2 题【解答】

图 1：白先：白 1 后，黑地为 9 目。

图 2：黑先：黑 1 后，黑地为 13 目，此处官子价值为 4 目。

图 1

图 2

第 3 题【解答】

若白先：白 1 扳，黑 2，白 3 立，图 1 与图 2 比较，图 3 黑棋比图 4 多 4 目，而图 4 的白棋比图 3 多 7 目，所以，黑 1 的价值为双方后手 11 目。

黑先：黑 1 长，这是这个局部唯一正确的收官方法，其价值为双方后手 11 目。如图 3，若黑 1 扳，则黑损 2 目。

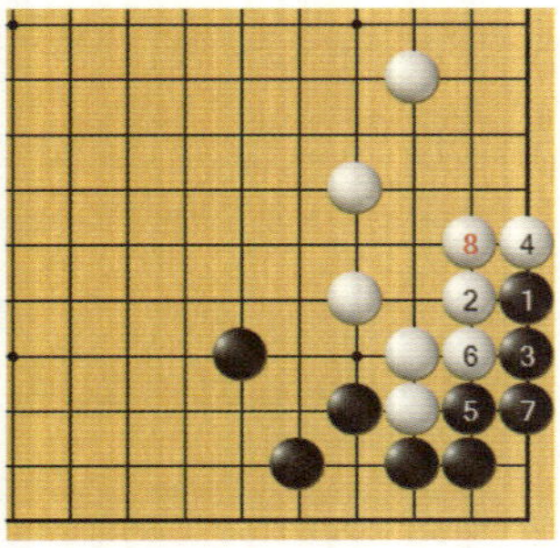

图 1

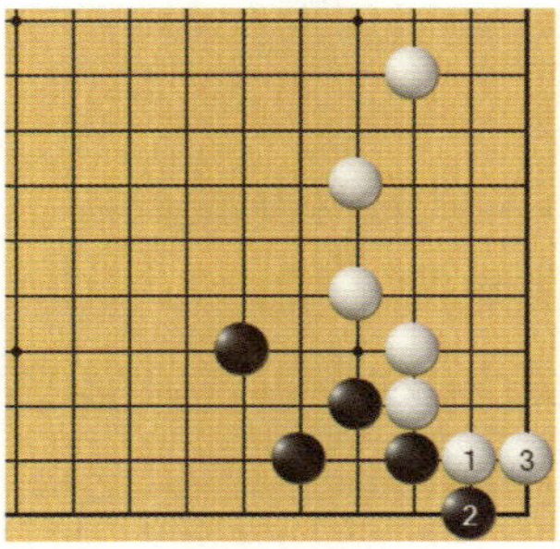

图 2

图 3

第 4 题【解答】

图 1：黑 1 拐；图 2：白 2 接。

图 1

图 2

图 3：黑 3 立、白 4 脱先，黑 5、白 6、黑 7 接，白 8 虎。

图 4：接图 2，若黑 3 脱先，白 4，比较图 3、图 4，白 2 接后，白方有 9 目半，黑方 5 目弱，所以图 1 中黑 1 的拐，价值有 14 目。

图 3

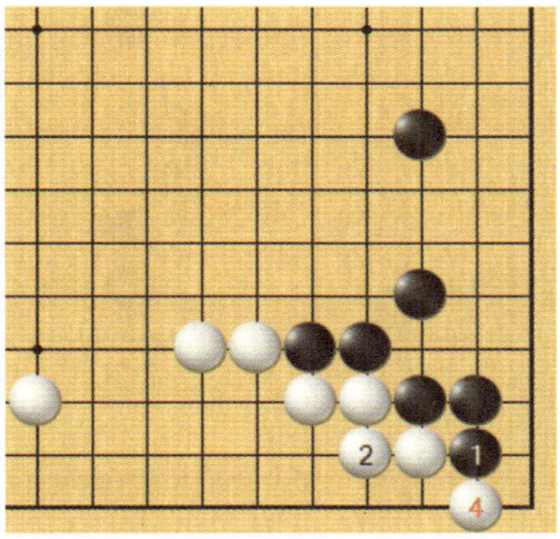

图 4

图 5：接图 1，白 2 脱先，则黑 3 打吃，白 4 反打，黑 5 提。

图 6：白 6 脱先，则黑 7、白 8、黑 9，白 10、黑 11 接，白 12 粘。两图比较，黑有 9 目，白有 4 目。

图 7：若白 1 档，白 3 是白的先手权力，黑 4、白 5、黑 6。与前几图比较，白多了 8 目，黑减少了 6 目，所以图 1 的黑 1 拐，价值为 14 目。

第二线、第三线的“挡”是中盘、终盘要考虑的着法，挡是大官子。

图 5

图 6

图 7

第 5 题【解答】

图 1：黑先：黑 1 挡，白 2 自补，黑先手约有 7 目。

图 2：白先：白 1 爬，黑 2 挡，白 3，黑 4，白先手约有 7 目。

图 3：黑先：黑 1 挡，白脱先，黑 3、黑 5 吃，若黑 1 是后手，此处是 16 目的大官子。

图 4：白先：白 1 爬，黑脱先，白 3、黑 4、白 5、黑 6、白 7，白后手 16 目。

图 1

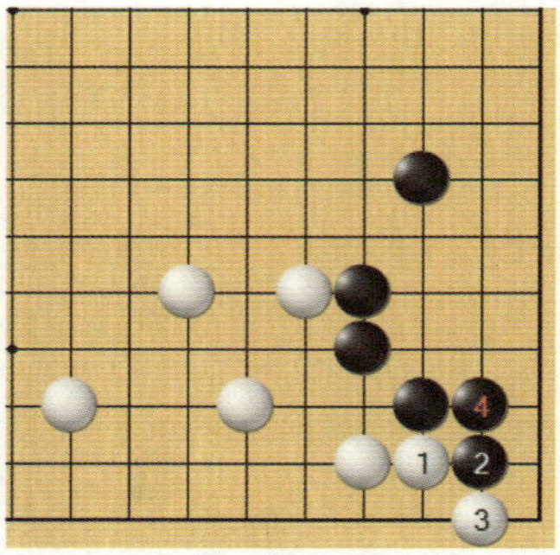

图 2

图 3

图 4

第 6 题【解答】

图 1：后手 16 目。

图 2：白先：白 1 挡、黑 2、白 3、黑 4，后手 16 目。

图 3：黑先：黑 1 跳、白脱先、黑 3、白 4 挡、黑 5、白 6、黑 7、白 8，后手 16 目。

图 1

图 2

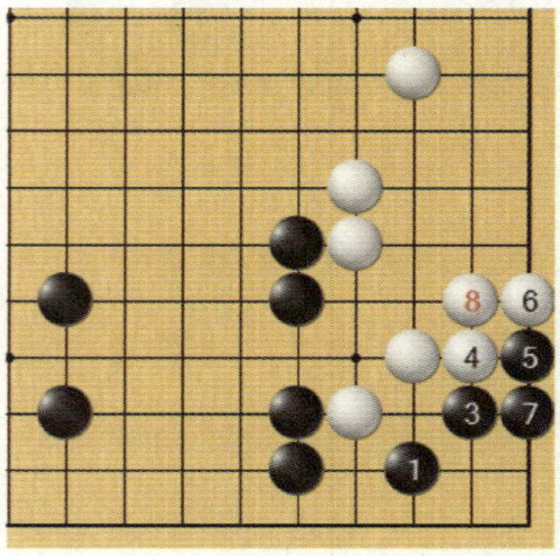

图 3

第 7 题【解答】

图 1：基本图，后手 18 目。

图 2：白先：白 1、黑脱先、白 3、黑 4、白 5、黑 6、白 7、黑 8，后手

18 目。

图 3：黑先：黑 1、白脱先、黑 3、白 4、黑 5、白 6、黑 7、白 8，后手 18 目。

图 1

图 2

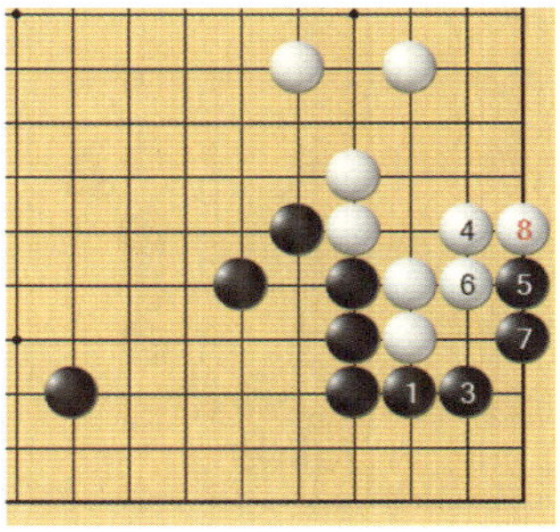

图 3

第 8 题【解答】

图 1：“挡”有 25 目。

图 2：白先：白 1 挡、黑 2 接。

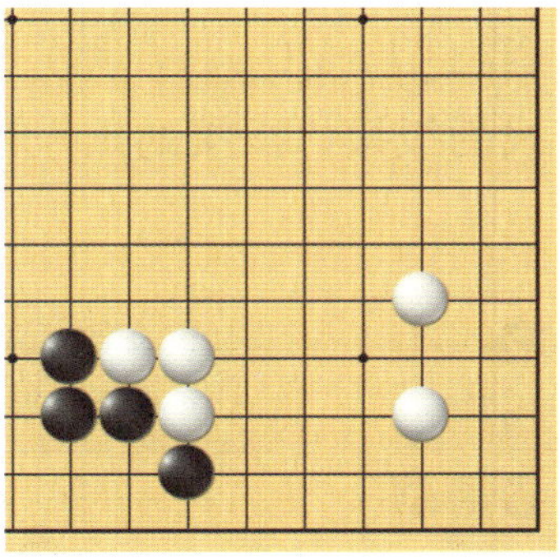

图 1

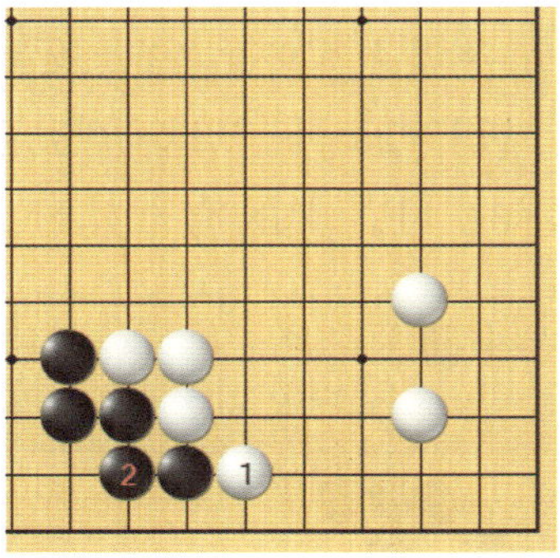

图 2

图 3：黑先：黑 1 长、白 2 补，双方出入 25 目。

图 4：白先：白 1 挡、黑脱先、白 3 打吃、黑 4 反打、黑 5 提一子。

图 3

图 4

第 9 题【解答】

图 1：基本图。图 2：黑先：黑 1，逆官子 12 目。

图 3：白先：白 1，黑 2，以后黑角部还要补一手棋，白先手 12 目。

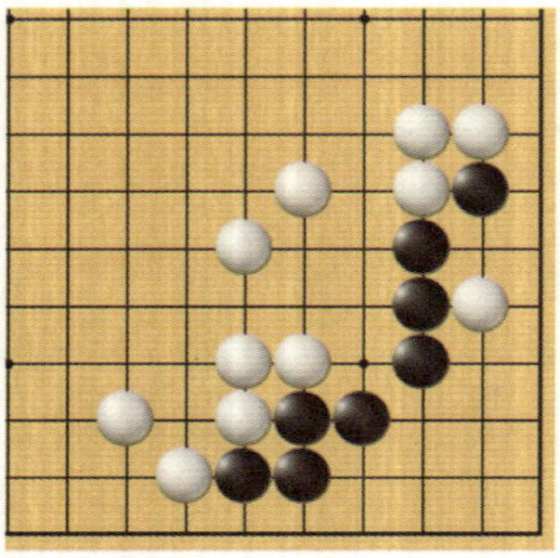

图 1

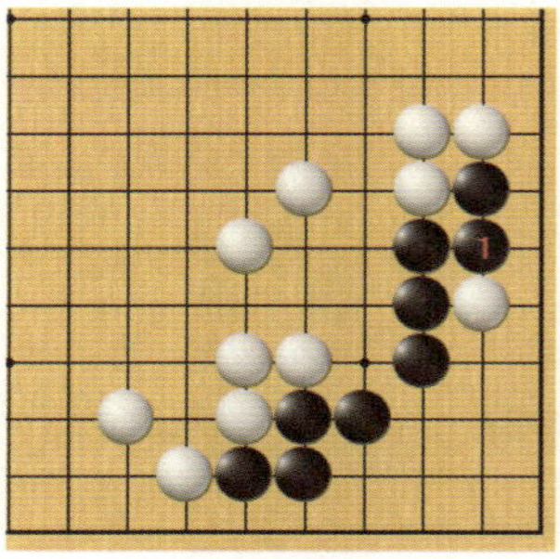

图 2

图 3

第 10 题【解答】

图 1：基本图。

图 2：白先：白 1 接，白后手 12 目。

图 3：黑先：黑 1 打吃，白 2 反打，黑 3 提，白 4 立，黑先手 12 目。

俗话说："扳接 13 目。"这是形容二线的扳接，扳接的出入是很大的，二线扳接最小的有 6 目，大的有十几目。

图 1

图 2

图 3

第 11 题【解答】

图 1：基本图。

图 2：白先：白 1 扳、黑 2、白 3 接，后手 6 目。

图 3：黑先：黑 1 扳、白 2、黑 3 接，后手 6 目。

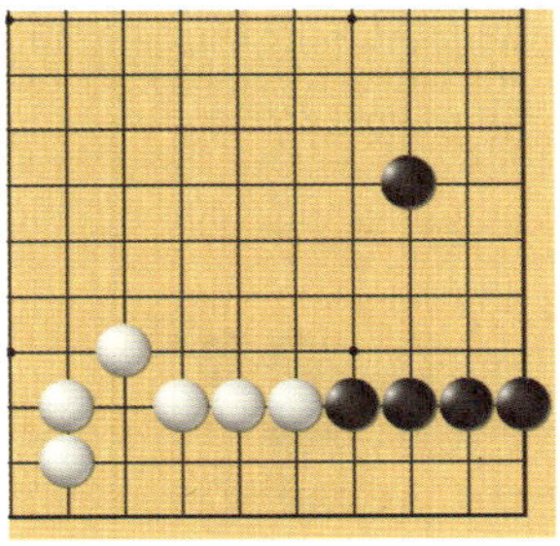

图 1

图 2

图 3

第 12 题【解答】

图 1：基本图。

图 2：黑先：黑 1 扳、白 2、黑 3 接，后手 11 目。

图 3：白先：白 1 扳、黑 2、白 3 接，后手 11 目。

图 1

图 2

图 3

第 13 题【解答】

图 1：基本图。

图 2：黑先：黑 1 扳、白 2、黑 3 接、白 4 立，后手 13 目。

图 3：接图 2：若白 4 脱先，则黑 5、白 6、黑 7、白 8、黑 9、白 10。

图 1

图 2

图 3

图 4：白 1 扳、黑 2、白 3 接，黑脱先、白 5、黑 6 立，后手 13 目。

图 5：白 1 扳、黑 2、白 3 接，黑 4 扳、白 5、黑 6 接。

图 4

图 5

第 14 题【解答】

图 1：基本图。

图 2：黑先：黑 1 扳、白 2、黑 3 接，后手 17 目。

图 3：接图 2，白脱先、黑 5、白 6、黑 7、白 8、黑 9、白 10。

图 1

图 2

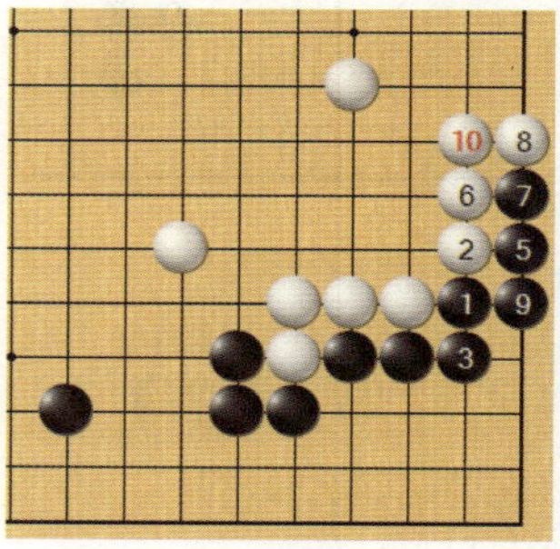

图 3

图 4：白先：白 1 扳，黑 2 接、白 3 接，黑 4 虎。

图 5：接图 4，黑 4 脱先、白 5 夹、黑 6 虎、白 7 打、白 8 接、白 9、黑 10。

图 6：接图 5，若黑 10 脱先，则白 11、黑 12、白 13、黑 14，白 15 接。

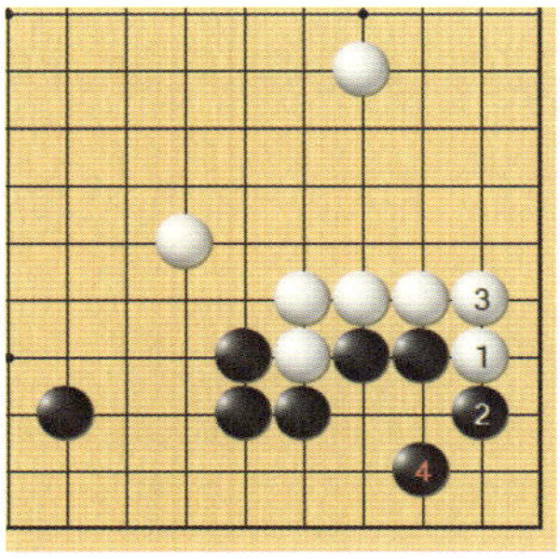

图 4

图 5

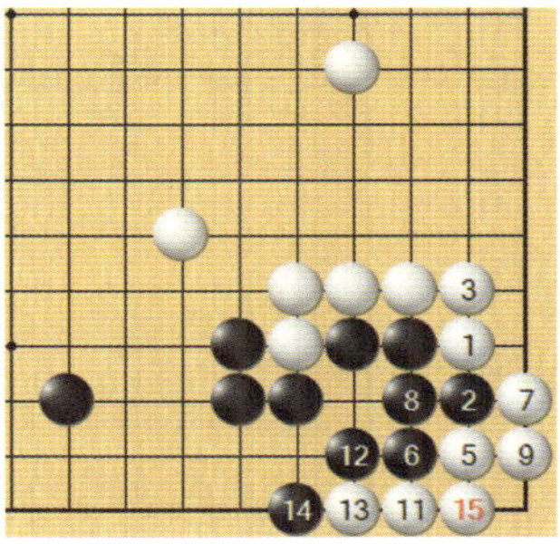

图 6

8.【解答】

第 1 题【解答】

图 1 是基本图，中间的黑四子、白四子都只有三口气，消灭对方，自己才能活棋。

图 2、图 3 表示黑先；由于气数相同，所以黑先白死。

图 1

图 2

图 3

第 2 题【解答】

图 4：基本图，黑白双方都各有三口气，显然，黑先白死（图 5、图 6）。

图 4

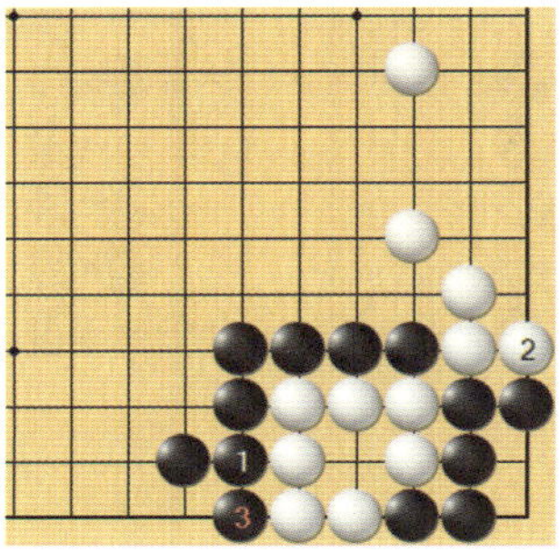

图 5

图 6

第 3 题【解答】

图 7：基本图，黑白双方各有三口外气，A 点为双方的“公”气。

图 8：黑先：黑 1 紧气，下在 A 位，则白 2，此时，白先一口气杀黑。

图 9：黑先：对比图 8，紧气时，只能先紧外气，黑 1、3、5，白 2、4，黑先杀白。

图 7

图 8

图 9

第 4 题【解答】

图 10：黑白双方有四口公气，白有五口外气，黑有三口外气，白能否杀黑?

图 11：无论黑先还是白先，最终结果只能是双活。如果白有六口外气，而且白先行，先紧外气，则白快一气杀黑。

计算公式：白（外气＋公气）大于或等于黑（外气＋公气）的 2 倍，则白可以杀黑。

图 10

图 11

第五篇

“千古无同局”的几种计算方法

如果说艺术的最大特点在于它的创造性，那么，围棋就是最富有创造性的艺术之一。艺术创作需要逻辑思维和形象思维，而围棋也同样讲究逻辑思维和形象思维。围棋的对弈过程，就是对局者以形助思，进行艺术创作的过程。围棋素有“千古无同局”之说。从古至今，在数不胜数的棋谱中，没有一局棋是相同的。在有 361 个交叉点的棋盘上，你可以自由潇洒地任意落子，尽情地展示自己的创作才能。对于棋手来讲，可以说每下一局棋都会有新的思维、新的变化和新的韵味，每下一局棋都是对局者运用黑白棋子在纹枰上的一次艺术再创造，绝不会因为重复而感到枯燥乏味。很多艺术作品如文学、绘画、影视、戏剧等，都存在着所谓“暧昧性”技巧，艺术创作者在作品中有意识地表达不清，以此来得到含蓄的效果，给欣赏者留有足够的再创造的想象空间，也就是人们常说的“景愈藏境界愈大，景愈露境界愈小”。在围棋的对局中，虽然也会经常出现那种左右逢源、蓄而不发的招数，但是随着棋局的进行，那些“含蓄”招数的目标却最终要明明白白地在棋盘上展示出来，而绝不会有那种故意给对手保留某种想象空间的艺术动机。围棋中的艺术创造常常体现在一个奇妙的构思、一个精彩的招法和构建一个美感十足的棋形上。而那些形态万千的局势和瞬息万变的结果，往往能够淋漓尽致地表达出对局双方的思维演绎和丰富的情感，能使人深深地陶醉在围棋独特的艺术魅力之中。在围棋爱好者的眼中，围棋不但是一种趣味十足、胜负难测的游戏，更是一种让大家欣赏的艺术表演和一种自我创作的展示。

一、“千古无同局”的原因

围棋之所以有很强的趣味性，就在于它的丰富变化。其实，我国古代很早就有人注意到这个棋局变化的总数问题了。按照围棋的规则，在有 361

个交叉点的棋盘上，对弈的双方各执180颗棋子，总是应该在有限的步数之内进行到终局的，而能够弈出的不同局面变化的总数也一定是一个有限的数字。

北宋的著名科学家沈括在他的《梦溪笔谈》中给了我们这样一个答案："其法初一路可变三局，自后不以横直，但增一子，即三因之，凡三百六十一增，皆三因之，即是都局数。"沈括的计算，是运用数学的排列组合理论和指数运算法则进行的。这段话的意思是说，在围棋的对局中，棋盘上每个交叉点都有可能出现黑子、白子或空着不放子的三种情况。如果每一个交叉点都有黑、白、空的三种可能性，那么两个交叉点就有3^2种可能性，而三个交叉点就有3^3种可能性，四个交叉点就有3^4种可能，以此类推，那么在361个交叉点上就会有3^{361}种变化的可能。沈括据此得出了"大约连书'万'字四十三，即是局之大数"的结论。如果用现代数学来表述，即为1×10^{172}，就是说，围棋棋局变化的概数是一个173位数的正整数，其最小的数为"1"，其后有172个"0"。具有一般数学常识的人都知道，这可是一个大得十分惊人的天文数字。举例来说，我们假设对局中每一秒钟出现一种棋局变化，那么在一个小时的时间就会有3 600种变化，一天24小时的变化数就是$3\ 600\times24=86\ 400$，而一年365天的变化数则是$86\ 400\times365=3.15\times10^7$。照此来计算，一万年的变化数是$10^{11}$，一亿年的变化数也仅仅是$10^{15}$，而要完成$10^{172}$种变化所需要的时间就简直不可想象了。如果再进一步探讨下去，就会发现这样的计算还是不够全面。因为在围棋的对局中，还会经常遇到"打劫"和提子以后再下子的情况。这样一来，在每个交叉点上的变化就有了三种以上的可能。因此，围棋棋局的理论变化数，比起沈括的计算还会大出许多。

我们再来说一说布局中的变化。布局是围棋对弈的一个重要阶段。各种奇妙的布局总是能体现棋手宏大的战略意图和精心的构思。那么与布局密切相关的围棋定式数量又会有多少种呢？定式是对弈双方在角部合理的应对着法，其着子的范围通常是在棋盘的四分之一以内，棋子所占的点数大约为$9\times9=81$。我们经过计算就会得知，在这81个交叉点上的变化总数为5.97×10^{120}。由于定式的合理性原因，也就是说定式的实际变化数只可能是角部变化总数中极少的一部分。据有关资料统计，从古到今创造的定式总数已达数万种之多了，但是与81！相比，还只不过是沧海之一粟。由此看来，围棋定式的创新也还远远没有止境。百年以前，日本棋界率先废除了古代的座子制，用数学的观点来看，此举使得围棋全局的变化扩展了1.67×10^{10}种之多。也就是说，仅仅去掉了事先摆在棋盘角部的四颗棋子，竟会使棋局增加 167 亿种变化，可见座子制的废除实乃围棋历史上的一大飞跃。再来看废除了座子后的布局变化。我们假设一局棋的前五十步棋为布局阶段，那么布局变化的总数将会达到 6.63×10^{128} 种。当然，如果考虑到各种布局的合理性，其实际变化总数一定是大大小于这个数字的。即便如此，在过去的对角星、二连星、三连星、错小目、星小目、中国流等众多成功布局类型的基础上，继续创造出新布局的前景还是非常广阔的。

上述这些纯理论性的数学计算虽然与实际相差甚远，但却足以证明小小的棋盘所能容纳的棋局变化确实是深不可测的。难怪唐朝冯贽在其《云仙杂记》中说：“人能尽数天星，则遍知棋势。”而北宋学士张拟在《棋经十三篇》中也做出了“自古及今，弈者无同局”的结论。就围棋本身的规律而言，棋局的变化可以说是无穷尽的。

二、“千古无同局”的计算方法

1. 北宋科学家沈括计算“千古无同局”

北宋科学家沈括对围棋做了一番研究。他在数学上的成就是创立了隙积术（二阶等差级数求和法）、会圆术（已知圆的直径和弓形的高，求弓形的弦和弧长的方法）。他在《梦溪笔谈》中，对围棋做了数学式表述，这在宋朝围棋十分兴盛的时代，在众多的围棋评论中是独树一帜的。钱宝琮在《宋元数学史论文集》中认为，沈括讨论围棋棋局的计算方法在古代的数学史上是不可多得的宝贵文献。

沈括的计算方法，用现代的语言和算式说出来，就是每一个棋局，到终局时，每一个交叉点总是不外乎三种情况：黑、白、空。所以，在计算全局可能的变化时，如果是方 2 路用 4 子，那么：$3^4=81$；如果是 3 路用 9 子，那么：$3^9=19\,683$；方 4 路，那么：$3^{16}=43\,046\,721$；方 5 路，那么：$3^{25}=847\,288\,609\,443$；方 6 路，那么：$3^{36}=150\,094\,635\,296\,999\,121$，下完一盘棋，其可能的变化，是 3^{361}，用现代的算法是这样的：$\log N=361\log3=361\times0.47\,712=172.240\,75$，$N\approx1.74\times10^{172}$，每 4 位数可以写一个“万”，$172\div4=43$。中科院的专家，用电脑算出总局数为：17 408 965 065 903 192 790 718 823 807 056 436 794 660 272 495 026 354 119 482 811 870 680 105 167 618 464 984 116 279 288 988 714 938 612 096 988 816 320 780 613 754 987 181 355 093 129 514 803 369 660 572 893 075 468 180 597 603。这是一个天文数字。即使每一秒钟下

一局棋，要下完这样多的局数，粗略的计算，要 5.52×10^{164} 年，这是一个 164 位数，照沈括的写法，要写 41 个万字。

2. 阶乘计算方法

从围棋着子的次序来考虑，还会得出另一种计算方法来，其结果就更加令人瞠目结舌了。我们知道，围棋棋盘共有 361 个交叉点，那么，对局落子的第一手棋放在棋盘的哪个位置，就必然会有 361 种选择，第二手棋就会有 360 种选择，第三手棋有 359 种选择。以此类推，以后每一手棋的选择都依次递减，那么一局棋的全部变化总数将会达到 $361\times360\times359\times\cdots\times2\times1=361!$ 种，这在数学上称为 361 的阶乘，计算出来的结果约为 10^{768} 。

3. 概率计算方法

（1）围棋对弈中，黑子 180 子，白子 180 子分别按落子顺续给予编号：黑：1、3、5、7、…，白 2、4、6、…，于是黑、白两色棋子构成两个集合中的独立元素，从而可以用概率进行运算。

（2）概率：$P=\dfrac{\text{希望事件量}}{\text{事件量}}\qquad(0\leqslant P\leqslant1)$

（3）
$$P=\frac{361}{361}\times\frac{360}{361}\times\cdots\times\frac{2}{361}\times\frac{1}{361}=\frac{361!}{361^{361}}$$
$$=\frac{\sqrt{2\times3.14159\times361}}{361^{361}}\times\left(\frac{361}{e}\right)^{361}$$
$$=8.55\times10^{-156}$$

其中：$361!=\sqrt{2\pi\times361}\times\left(\dfrac{361}{e}\right)^{361}$

$e\approx2.71828\cdots$，$\pi\approx3.14159\cdots$

注：$n!=\sqrt{2\pi n}\times\left(\dfrac{n}{e}\right)^{n}$（$n$ 充分大的正整）

因为 $P=8.55\times10^{-156}$ 概率非常非常小，所以围棋“千古无同局”。

三、围棋盘为何 19 路最佳

围棋，一种中国古代发明、两人进行的智力游戏，有方圆、坐隐、烂柯、黑白、手谈等诸多名字，为琴棋书画的四艺之一。围棋流行亚太，覆盖世界，是一种非常流行的棋类，是世界上最复杂的棋类游戏。对围棋曾有一诗赞道：

棋定天下

无声无息起硝烟，黑白参差云雨颠。
凝目搜囊巧谋略，全神贯注暗周旋。
山穷水尽无舟舸，路转峰回别样天。
方寸之间人世梦，三思落子亦欣然。

自围棋问世以来，随着人们对其认识的不断深入，棋盘和下棋规则也在不断的变化中走向完善。现在的围棋棋盘由互相垂直的十九条线段相交组成361个方形交叉点组成。棋盘有上、下、左、右四条边，标着八星和中天元九个点，分为边、角和中腹等不同的区域。我们把四条边界线称为一线，与边界线相邻的四条线称为二线，并依次根据它们与边界的距离远近分别称为三线、四线、五线等。

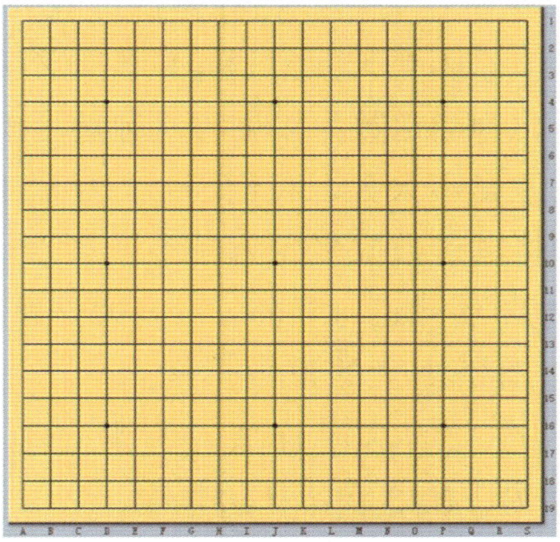

围棋棋盘

下围棋时，先手占有利点，造成下棋的不公平。先手应该为后手贴多少目棋？经过近 4 000 年的多次变化，围棋棋盘由古时的十一道、十三道、十五道、十七道，增至现在的十九道，胜负贴目也已基本定论（中国规则：黑先，贴三又四分之三子，即 7.5 目），但十九道棋盘至今仍缺乏一个令人信服的证明来说明其合理性。能否对围棋构造一个数学模型，证明其合理性呢？结合当今围棋规则，用数学建模的方法观察、分析，计算出相关数据，看其是否合理。

在围棋中，人们比较看重的问题有两个：第一，围棋棋盘经历了多次变化，围棋的棋盘道数多少才最为合理？第二，在最为合理的道数下，先手应该贴后手多少目？下面构建数学模型来解决第一个问题。

对围棋构建可用的数学模型并解决上述问题，做如下假设：（1）对弈双方棋力相当；（2）棋盘连续，棋手可在棋盘任意点的空白处布子；（3）棋类比赛，有攻有守，攻守成败以最后成活与占地多少为准；（4）对于一块含两个以上眼位的成活棋块，以其棋子数除以这些棋子所包含的目数得到的商值称为此棋块的“目效率”，记为 PE 。

弈棋的不公平主要来自先手，如果改掉规则，让两人同时落子，便不存在不公平的问题。但现实是总有先后手之分，自然先手会用第一步占据棋盘上最有利的点，围棋棋盘除天元外，所有的点都四点对称。所以，只要天元不是最有利的点，那么最有利的点就有 4 个，成对出现，后手的损失就不会太大。所以问题就转化为在什么情况下，天元不会成为最有利的位置。

当棋盘过小时，天元的位置极其重要，对于总道数少的小棋盘，第一步走在天元位置上就可以赢得全局，但随着棋盘道数的不断增加，棋盘增大，天元的优势就不明显了，原因是天元对边角的控制不足，导致边角的利益大于天元的利益，问题转化为当道数为多少时，边角可摆脱天元对边角的控制。为使围棋对弈时先后手差异不太大，我们不妨取中腹和边域目效率相差不大为目标和依据，看看围棋的道数取多少为好。

假设棋盘每边的边数为 x 道（显然，x 应为正整数），现在棋盘的道数 $x=19$。为实战需要，围棋棋盘的道数不能太大，也不能太小，不妨假设 $11 \leqslant x \leqslant 23$。将第四边上的八星连线，所围之地称为中腹，占有目数 $(x-80)^2$，记其目效率为 PE_4；将第 3 边连线，1、2 边组成边域，占有目数 $8x-16$，记其目效率为 PE_3。由于对 x 的限制，三线外的边域及四线围成的中腹区域都已成为实空，对手无法再做活。这时，边和中腹区域的目效率分别为：$PE_3=\frac{(8x-16)}{(4x-20)}$，$PE_4=\frac{(x-80)^2}{(4x-28)}$。

中腹和边域目效率之差为：

$$E(x)=PE_4-PE_3=\frac{(x-80)^2}{(4x-28)}-\frac{(8x-16)}{(4x-20)}$$

基于 $E(x)$ 为一单调增函数，且 $E(18)=-0.188\,81$ 和 $E(19)=0.092\,22$，故解应在开区间（18，19），其有效解道数应取正整数，由 $|E(19)|<|E(18)|$，说明围棋棋盘道数 x 应取为 19，取 19×19 的围棋棋盘是最佳的，因而说明现在的围棋棋盘取 19 道有其一定的合理性。

the game of go

第六篇

围棋比赛赛制与数学

一、积分编排制

积分编排制，是指由相同或相近积分为编排配对原则的一种赛制。积分编排制实际上是一种循环进行的淘汰赛，它与循环赛的区别在于无须全部对手相遇，与淘汰赛的区别在于输了一局的棋手不是立即被淘汰出局，而是还能与其他输棋者编排配对继续比赛，因此适用于参赛人数较多、赛程较短而种子较难确定的比赛。进行积分循环赛时，先随机公平地编排第一轮比赛，当某一轮比赛结束后，可以得到所有比赛选手的总积分，并根据这个总积分的高低，再把比赛选手的编号由高到低排序，然后高分比高分，低分比低分，上一轮比过的下一轮不会相遇，如此循环，直到所有轮次结束。

积分编排制比赛的最少轮次数，通常是按参赛人数采用淘汰赛轮次数的两倍并适当加减。这里有个简便的公式可供给大家来计算积分编排赛所需的最少轮次数：$N=R+2A$。N 为最少轮次数，R 为参赛人数采用淘汰制所需轮次数，A 为除了冠军以外要求准确反映实力的名次数。

比如 32 人参赛，名次至少准确到前 3 名，所需最少轮次数为：$N=5+(2\times 2)=9$ 轮。一般比赛中，积分编排制最少 7 轮，最多 15 轮。为了较易平衡先后手，使参赛者之间的先后手最多相差一先，采用的轮次数以单数轮次为宜。编排原则主要有以下几点：

（1）每一轮均须根据积分高低为所有参赛者编排配对一次。第一轮首先对所有参赛者进行抽签编号，然后按照 1—2、3—4……以此类推进行编排配对，号码在前者执黑棋先行。如参赛者为单数，首轮轮空者为最大编号，次轮起轮空者为该轮最低积分段的末位者，轮空成绩以胜局计算。所有参赛者只能轮空一次，若因对手弃权而得分者不得给予轮空。

（2）第二轮起，已相遇过的参赛者不再编排配对。

（3）首先使同积分段充分编排配对，若同积分段成单则考虑近分段编排配对。

（4）按积分从高到低编排配对的顺序，分别采用单数轮次小号列前、双数轮次大号列前的原则排列，结合平衡先后手的条件邻近编排配对，直至完全通畅。

（5）在尽可能变换参赛者上一轮先后手的条件下，同时尽可能地充分平衡参赛者的先后手。先后手相同时，单轮次小号执黑先行，双轮次大号执黑先行。先后手不相同时，先手多的一方执白后走，先手少的一方执黑先行。

（6）尽量使所有参赛者下调、上调的次数趋于平衡（不含本积分段只有一个必然下调或上调），同一参赛者下调或上调次数最多不超过两次。

（7）一个积分段本来可以达成的充分配对，不应受先后手平衡难于全部满足的影响而出现多号同时下调配对的现象。

在积分循环赛中，胜一盘得 2 分，负一盘得 0 分，和棋各得 1 分。瑞士制积分是每轮积分加上上一轮积分，具体来说：第 1 轮比赛结束后，目前总积分＝第 1 轮积分；第 2 轮比赛结束后，目前总积分＝第 1 轮积分＋第 2 轮积分，如此类推。

如果比赛结束，判定名次时出现相同积分，可遵循以下破同分规则排名：

（1）布什霍尔兹制（小分制）：布什霍尔兹分，又名小分，是指所遇到的每个对手的积分。如果积分相同，先将各对手的积分相加，得出小分和，然后排名。

（2）累进分制：如果积分和小分都相同，可将棋手每轮的比赛积分累加得出总累进分，然后排名。

（3）直胜制：当所有同分棋手，小分和累进分都相同时，如棋手均已彼此相遇过，则按其相遇时的胜负判定。

（4）赢棋数：当所有同分棋手，小分和累进分都相同时，如棋手没有彼此相遇过，则按其胜棋数判定。

在围棋积分循环的比赛中，每个选手会拥有两个分数，一个是大分，一个是小分。大分是指个人积分，赢一盘 2 分，负一盘 0 分；小分是指该棋手所遇到的所有对手的个人积分总和（如对手大分分别是 12、10、10、10、10、10、10、8，则自己的小分为 80 分）。

总得分＝大分＋（小分×2÷最高大分－轮次）

例如：王某某大分 18，小分 150。

总得分＝18＋（150×2÷18－11）＝23.666 67

在比赛中，一般情况下前几轮输棋小分低一些，输给水平比自己低的选手小分也会低一些，因此当水平处于临界位置时想拼升段的话，第一不能输给水平比你低的选手，第二力争前几轮打好。

例如，有个选手前几轮全胜，后来遇到水平比他高的选手导致后几轮输了几盘，但他输的选手都是 6 胜 12 分，最后这个选手的小分为 84 分，在所有的 5 胜比小分的选手中小分最高。而另外一个选手第一、第三轮输，第二轮是对手弃权胜，最后虽然也是 5 胜，但是他的小分却只有 38 分。

编排的原则是同分对弈，因此选手连胜后对手是愈来愈强，即使水平不够输棋了也没有什么，你所输给的这个选手将来大分肯定不低（也就是你的小分）。而输棋后你遇到的选手也是输棋的，特别是连输的，一般而言水平都不是很强，但也别指望他为你挣很高的小分了。

当选手数是奇数时会出现上调、下调的情况，比如本轮 10 分的选手只有 9 人，就会出现一个选手上调或者下调。一般情况是上调争取赢棋，这样小分高；而下调争取不输，如果输了小分可能低点。

二、怎样用淘汰制计算进行的比赛场数

如果你所在的学校举办一次围棋比赛，报名的是 50 个，用淘汰制进行，要安排几场比赛呢？一共赛几轮呢？如果你是比赛的主办者，你会安排吗？

因为最后参加决赛的应该是 2 人，这 2 人应该从 $2^3=8$ 人中产生的。这样，如果报名的人数恰巧是 2 的整数次幂，即 2、4（2^2）、8（2^3）、16（2^4）32（2^5）、…，那么只要按照报名数人数每 2 人编成一组，进行比赛，逐步淘汰就可以了。假如先报名的人数不是 2 的整数次幂，在比赛中间就会有一轮空的。如果先按照 2 个人一组安排比赛，轮空的在中后阶段比，而中后阶段一般实力较强，比赛较紧张，因此轮空与不轮空机会上就显得不平衡。为了使参赛者有均等的获胜机会，使比赛越来越激烈，我们总把轮空的放在第一轮。例如，上例的人在 32（2^5）与 64（2^6）之间，而 50－32＝18。那么，第一轮应该从 50 人中淘汰 18 人，即进行 18 场比赛。这样参加第一轮的 18 组 36 人，轮空的有 14 人。第一轮比赛后，淘汰 18 人，剩下 32 人，从第二轮起就没有轮空的了。第二轮要进行 16 场比赛，第三轮 8 场，第四轮 4 场，第五

轮 2 场，第六轮就是决赛。这样总共进行六轮比赛，比赛的场数一共是：18＋16＋8＋4＋2＋1＝49，恰恰比 50 少 1。

我们再来看看世界杯足球赛的例子。1998 年法国世界杯足球赛共有 32 支参赛球队，比赛采取的方式是先进行小组循环赛，然后进行淘汰赛。如果全部比赛都采用淘汰制进行，要安排几场比赛呢？32 正好是 2^5，因而总的场数是 16＋8＋4＋2＋1＝31，也是比 32 少 1。

不妨再从一般情况来研究。如果报名的人数为 M 人，而 M 比 2^n 大，但比 2^{n+1} 小，那么，就需要进行 $n+1$ 轮比赛，其中第一轮需要比赛的场数是 $M-2^n$，第一轮比赛淘汰 $M-2^n$ 后，剩下的人数为 $M-(M-2^n)=2^n$。以后的 n 轮比赛中，比赛的场数为：

$$
\begin{aligned}
&2^{n-1}+2^{n-2}+2^{n-3}+\cdots+2^3+2^2+2+1\\
=&(2^{n-1}+2^{n-2}+2^{n-3}+\cdots+2^3+2^2+2+1)\times(2-1)\\
=&(2^{n-1}+2^{n-2}+2^{n-3}+\cdots+2^3+2^2+2+1)\\
=&2^{n-1}
\end{aligned}
$$

所以，一共比赛的场数是 $(M-2^n)+(2^{n-1})=M-1$，即比参加的人数少 1。

其实，每一场比赛总是淘汰 1 人，在 M 人参加的比赛中，要产生 1 个冠军就是淘汰 $M-1$ 人，所以就得比赛 $M-1$ 场。你明白了吗？

现在请你自己来安排一次围棋比赛，男子报名的人数有 215 人，女子报名的人数有 109 人，应该进行多少场比赛？怎样安排这些比赛呢？

三、怎样用单循环制计算进行的比赛场数

用淘汰制进行球类锦标赛比赛，比赛场数比较少，所需用的时间较短，所以，报名人数较多的个人锦标赛往往采用这种方法。但是它有一个缺点，就是要获得冠军，中途不能有失。而且如果两强相遇过早，所产生的亚军往往与其他名次的实际水平不完全相符。因此，在报名单位较少的一些团体锦标赛中，往往不采用淘汰制而采用另外一种比赛方法——循环制。

用循环制进行的比赛场数应该怎样计算呢？下面我们来看一个例子。如果你所在的学校有 15 个班级，每个班级有一个球队参加比赛，若用单循环制进行，一共要比赛几场？如果用单循环制进行比赛，每一个队要和另一个队比赛一场，所以在 15 个球队中，每一个队伍要进行 14 场比赛，15 个球队就有 15×14 场比赛。但每场比赛两队是互相交锋的，因此，这样计算就把一场比赛算作

2 次了，而实际的比赛场数是 $\frac{15 \times 14}{2} = 105$（场）。

我们再来看看世界杯足球赛的例子。1998 年法国世界杯足球赛有 32 支参赛球队，如果始终采用单循环制进行比赛，那么一共要进行的比赛场数是 $\frac{32 \times 31}{2} = 496$(场）。

一般来说，单循环制的比赛，如果有 n 队报名，那么，比赛的场数总共是 $\frac{n(n-1)}{2}$。

但是，这样安排场次太多，费时太长。因此，许多比赛采用的不完全是单循环制，而是分组双轮单循环制。下面我们来看，如果把 15 队分成三组，每组 5 队，采用分组双轮单循环制，一共要比赛几场?

在这三组中用单循环制进行比赛，产生三个分组冠军，这三队再进行第二轮的单循环赛，产生冠亚军。这样：

第一轮是：$\frac{5 \times 4}{2} + \frac{5 \times 4}{2} + \frac{5 \times 4}{2} = 30$(场)

第二轮是：$\frac{2 \times 3}{2} = 3$(场)

比赛总场数是：$30 + 3 = 33$（场）

再来看 1998 年法国世界杯足球赛的例子，32 支参赛队分成 8 个组，每组 4 个队。如果按照分组进行双轮单循环赛，那么，第一轮要比赛 $\frac{4 \times 3}{2} \times 8 = 48$ 场，产生 8 个分组冠军；第二轮，这 8 个队再进行 $\frac{8 \times 7}{2} = 28$ 场比赛，决出冠亚军。

现在请你用同样的方法来安排一次乒乓球赛，报名参加男子团体赛的有 26 个队，报名参加女子团体赛的有 19 个队。如果用单循环制进行比赛，要安排几场比赛？如果各分成三组，男子两组各 9 队，一组 8 队，女子两组各 6 对，一组 7 队，采用分组双轮单循环制，一共要比赛几场？事实上很多比赛会同时采用两种比赛方式——淘汰制和单循环制。例如 1998 年法国世界杯足球赛，先是 32 支球队分成 8 个组，采用分组单循环制，进行 48 场比赛，每组淘汰制，进行 4 场比赛，决出前 4 名。然后还是用淘汰赛，进行 2 场比赛，决出前 2 名。最后前 2 名争夺冠亚军，另外还安排一场决出 3、4 名的比赛。这样比赛的场数总共是 48+8+4+2+1+1=64（场）。

四、怎样安排循环赛的程序表

现在，我们已经知道了怎样计算循环赛的比赛场次，那么怎样排出这种比赛的程序表，使每一队在每一轮比赛中都有不同的对手呢？让我们来看上文留下的题目，女子分成的三组中有一组是 6 个队，这 6 个队用单循环制进行比赛。用 X 表示球队的编号，$X\in\{1, 2, \cdots, 6\}$， r 表示比赛的轮数，$r\in\{1, 2, \cdots, 5\}$，那么每一个队都要进行 5 轮比赛。

表 6-1 就是一张 6 个队的比赛程序表，在第 r 行、第 x 列处的数字 y 代表 x 对在第 r 轮比赛中的对手。

表 6-1　　比赛程序表

y \ x	1	2	3	4	5	6
1	5	4	6	2	1	3
2	6	5	4	3	2	1
3	2	1	5	6	3	4
4	3	6	1	5	4	2
5	4	3	2	1	6	5

这张表是怎样排出来的呢？

我们先介绍一个概念——“同余”。所谓同余，是指两个整数 a、b 被另一整数 m 去除，有相同余数，通常用下列符号表示：

$$a=b \pmod m$$

读“a、b 关于模 m 同余”。例如，34 与 12 被 11 除余数都是 1，就称“34 与 12 关于模 11 同余”。“同余”的概念早在公元 5 世纪《孙子算经》中就已经出现，日常生活中也经常会遇到。比如，某月 2 日是星期三，那么 9 日、16 日、23 日都是星期三，因为它们关于模 7 同余。

一般地，要排出有 N 个队参加的循环赛程序表，只需要第 r（$r=1, 2, \cdots, N-1$）轮中取能满足 $x+y=r \pmod{N-1}$ 的 y 值就行了。

因此上例中，只要取能满足 $x+y$ 被 5 除余数为 r 的 y 值就行了。

先看第一轮比赛（$r=1$，$x+y=6$），于是有 $x=1$，$y=5$；$x=2$，$y=4$。但是 $x=3$ 时，$y=3$，这意味着第三队将与自己比赛，这当然是不可能的。为此，我们规定，在这种情况下，它与最后一对即 6 对比赛。于是表中第一行排好了。

再看第二轮比赛（$r=2$，$x+y=7$），于是第二行可以毫不费力地排出来。

第三轮比赛（$r=3$，$x+y=8$），而 $x=1$ 时，$y=7$，无此队，因而这种情况下，可改取 $x+y=r$，则 $x=1$，$y=2$；$x=2$，$y=1$。此后还是按照 $x+y=8$，则当 $x=3$，$y=5$；$x=4$ 时，y 不可能为 4，由上可知，取 $y=6$。

用同样的方法，我们可以把上面列出的表排完。

这样，如果参赛的队数是偶数，每一个队在每一轮比赛中都能有不用的对手。当然这并不是唯一的排法，而且如果参赛的队数是奇数，这种排法也就不适用了。

五、计算中日围棋擂台赛比赛过程的种数

中日围棋擂台赛上，中、日两队各出 7 名队员按事先安排好的顺序出场参加围棋擂台赛，双方先由 1 号队员比赛，负者被淘汰，胜者再与负方 2 号队员比赛……一直到一方队员全部被淘汰为止，另一方获得胜利，形成一种比赛过程，那么所有可能出现的比赛过程的种数有多少？

解：为了更透彻地了解问题的实质，我们来考虑下一般情况，设甲方不是 7 名而是 m 名队员，乙方不是 7 名而是 n 名队员，并记甲方胜乙方的比赛过程有 H_m^n 种，乙方胜甲方的比赛过程有 H_n^m 种，则总的比赛过程有：

$$N=H_m^n+H_n^m\text{（种）}$$

下面我们将证明：

$$H_n^m=C_{m+n-1}^m \qquad ①$$

从而：

$$N=C_{m+n-1}^n+C_{m+n-1}^m$$

特别地，$m=n=7$，有 $H_7^7=C_{13}^7$，于是答案便为 $2C_{13}^7$ 或 3 432 种。

下面我们给出①的两种解法供参考。

解法 1　乙方获胜就是要把甲方的 m 名棋手全部淘汰，而自己至少有一名棋手未被淘汰，又由于淘汰一名棋手与进行一场比赛构成一一对应，所以乙方获胜的一个比赛过程至少进行 m 场比赛，至多进行 $m+n-1$ 场比赛。我们把 $m+n-1$ 场比赛视为不同的元素：

$$a_1,\ a_2,\ \cdots,\ a_{m+n-1} \qquad ②$$

乙方胜 m 场的一种比赛过程，应对应着从②中取 m 个元素的组合，反之，从②中取 m 个元素的一种组合，也对应着乙方胜甲方的一种比赛过程，于是问题转化为从 $m+n-1$ 个不同元素中取 m 个元素的组合数，得：

$$H_{\mathrm{n}}^{\mathrm{m}}=C_{m+n-1}^{m}$$

比如，原问题中，$m=n=7$，那么从 {1，2，…，13} 个元素中任取 7 个元素的一个组合 {1，3，5，6，7，8，13} 就与下述比赛过程构成对应。

第一场：$乙_1$ 胜$甲_1$；

第二场：$乙_1$ 败于$甲_2$；

第三场：$乙_2$ 胜$甲_2$；

第四场：$乙_2$ 败于$甲_3$；

第五场：$乙_3$ 胜$甲_3$；

第六场：$乙_3$ 胜$甲_4$；

第七场：$乙_3$ 胜$甲_5$；

第八场：$乙_3$ 胜$甲_6$；

第九场：$乙_3$ 败于$甲_7$；

第十场：$乙_4$ 败于$甲_7$；

第十一场：$乙_5$ 败于$甲_7$；

第十二场：$乙_6$ 败于$甲_7$；

第十三场：$乙_7$ 胜$甲_7$。

解法 2　把乙方 i 号 $(1\leqslant i\leqslant n)$ 选手胜甲方一名选手记为 a_i，连胜则连写，如 $a_3a_3a_3a_3$ 表示乙方 3 号选手连胜 4 场。解法 1 中 13 场比赛可以表示为：

$$a_1a_2a_3a_3a_3a_3\ldots a_7$$

这样，我们便得到 n 个相异元素 a_1，a_2，…，a_n，而从这 n 个元素中，每次取 m 个元素的所有允许重复的组合可以全部写出：

$$\left\{\begin{array}{l}a_1a\,a_1\cdots a_1a_1\\ a_1a_1a_1\cdots a_1a_2\\ a_1a_1a_1\cdots a_1a_3\\ \vdots\\ a_{n-1}a_na_n\cdots a_na_n\\ a_na_na_n\cdots a_na_n\end{array}\right\} \quad ③$$

其中，每一个组合对应着乙方胜甲方的一个比赛过程，现给各下标依次加上 0，1，2，…，$m-1$，得：

$$\left.\begin{cases} a_1a_2a_3\cdots a_{m-1}a_m \\ a_1a_2a_3\cdots a_{m-1}a_{m+1} \\ a_1a_2a_3\cdots a_{m-1}a_{m+2} \\ \vdots \\ a_{n-1}a_{n+1}a_{n+2}\cdots a_{m+n-2}a_{m+n-1} \\ a_na_{n+1}a_{n+2}\cdots a_{m+n-2}a_{m+n-1} \end{cases}\right\} \quad ④$$

由于④是从 $m+n-1$ 个互异元素中取 m 个元素的组合有 C_{m+n-1}^{m} 种，而④又与③一一对应，故得①。

中日围棋擂台赛是由中国围棋队与日本围棋队各派若干名棋手，以擂台制形式举行的围棋团体赛。比赛规则：由中日双方各派同样数量的若干名棋手组成队伍，两队各设一名主帅，采用打擂台的形式，决出最后的胜负。比赛事先排定棋手的上场顺序（主帅最后上场），按顺序对局，胜者坐擂，负方依次派遣棋手打擂，直至一方“主帅”被击败为止。比赛规定黑先贴五目半，时限每方 3 小时。

这是中国和国外开设的最早的围棋对抗赛，由中国围棋协会、日本棋院和中国《新体育》杂志社联合举办，日本电器公司（NEC）赞助，因此也称 NEC 杯中日围棋擂台赛。该赛事从 1984 年开始至 1996 年停办，共进行了 11 届，中国队以 7 比 4 的总比分获胜。该赛事对中国围棋甚至世界围棋的发展产生了很大影响，被认为是现代围棋最成功的比赛之一。

中日围棋擂台赛对于中国围棋的发展更是具有重要意义，聂卫平在前三届比赛中的神奇表演，让围棋从小众运动中彻底解放出来，成了中国人耳熟能详的智力竞技运动。通过中日围棋擂台赛，中国棋手完成了从聂卫平到马晓春再到常昊的历史传承，而这项赛事在场外更是为中国培养了数以万计的棋迷，而这一雄厚的棋迷群体在中国围棋日后的发展中又起到了巨大的推动作用。可以说，中国围棋能够有后来的辉煌，中日围棋擂台赛功不可没。

the game of go

第七篇

“阿尔法围棋”的数学原理

“阿尔法围棋（AlphaGo）”这个由谷歌旗下“深层思维”公司创建的人工智能系统，在人机围棋大赛中以 4 比 1 的成绩击败了围棋冠军李世石，“阿尔法围棋”的胜利具有特别重要的意义。AlphaGo 不仅给围棋界带来了一场“技术革命”，也带来了全新的围棋思维与创造力，还可能引发“第四次工业革命”。

“第三次工业革命”是人类的体力劳动被人类创造的机器文明取代，时代更迭，不乏感叹、悲愤之声，但百年回望，机器确实带来了社会的普遍进步，也带来了文明的高度发展。

“第四次工业革命”是人工智能的大发展，机器已经开始取代人脑的部分功能，金融界、新闻界、教育界已经广泛使用“人工智能”，无人驾驶的飞机、汽车已经成为现实，“人工智能”的发展将使人类劳动进入更加高级的阶段。

一、“阿尔法围棋”究竟是什么

我们从名字开始来了解“AlphaGo”，“AlphaGo”由两部分组成，“Alpha”是希腊语“阿尔法”的首字母，“Go”是日语中的围棋。因此，称之为“阿尔法围棋”。

2010 年，德米什·哈萨比斯等人在英国伦敦创建了“深度思维”公司，该公司开发出了“阿尔法围棋”软件。2014 年，美国谷歌公司收购了“深度思维”。

“AlphaGo”的成名是在 2015 年 1 月。哈萨比斯等人在英国《自然》杂志上发文说，在英国围棋协会见证下，“阿尔法围棋”以 5：0 战胜欧洲围棋冠军、前中国职业棋手樊麾，成为第一个击败人类职业棋手的电脑程序。

“阿尔法围棋”系统主要由以下几个部分组成：

（1）行棋网络：给定当前局面，预测/采样下一步的走棋。

（2）快速走子：目标和（1）一样，但在适当牺牲走棋质量的条件下，速度要比（1）快 1 000 倍。

（3）估值网络：给定当前局面，估计是白胜还是黑胜。

（4）蒙特卡罗树搜索：把以上三个部分连起来，形成一个完整的系统。

专家认为“阿尔法围棋”最大的特点是：它会自己学习！在战胜樊麾之前，“阿尔法围棋”已进行了超过 3 000 万局的自我训练，不断提升自身棋力。

我们将“阿尔法围棋”与它的前辈“深蓝”做个比较。1997 年，电脑“深蓝”战胜国际象棋世界冠军卡斯帕罗夫，震惊世界。“深蓝”是一个独特的硬件与软件的结合体，IBM 公司专门制造的这台计算机浮点运算速率超过每秒 100 亿次，几乎能让相关软件穷尽国际象棋的所有可能下法，“暴力”碾压人脑。但比赛结束后，它就被拆解了。

而“阿尔法围棋”是一个人工智能软件，它的“单机”版本用到 48 个 CPU（中央处理器），其还有一个分布式运算的版本，可同时用到多台计算机的 1 202 个 CPU，大大提升了计算能力。单就计算能力而言，现在普通电脑中的 CPU 就已经胜过了 20 年前的“深蓝”，更不用提“阿尔法围棋”所用的硬件了。但是围棋的变化要远远超出国际象棋，有计算显示，围棋棋盘上可能出现的局面数量超过了已观察到宇宙中的原子数目，有“千古不同局”之说。“阿尔法围棋”挑战李世石，相对于硬件计算能力而言，更多的还是靠软件算法和学习能力。

1. 程序原理

阿尔法围棋是一款围棋人工智能程序。这个程序利用“价值网络”去计算局面，用“策略网络”去选择下子。

2. 深度学习

阿尔法围棋的主要工作原理是“深度学习”。深度学习是指多层的人工神经网络和训练它的方法。一层神经网络会把大量矩阵数字作为输入，通过非线性激活方法取权重，再产生另一个数据集合作为输出。这就像生物神经大脑的工作机理一样，通过合适的矩阵数量，多层组织链接一起，形成神经网络“大脑”进行精准复杂的处理，就像人们识别物体标注图片一样。

3. 两个大脑

阿尔法围棋是通过两个不同神经网络"大脑"合作来改进棋艺。这些大脑是多层神经网络，在结构上跟那些 Google 图片搜索引擎识别图片是相似的。它们从多层启发式二维过滤器开始，去处理围棋棋盘的定位，就像图片分类器网络处理图片一样。经过过滤，13 个完全连接的神经网络层产生对它们看到的局面判断。这些神经网络层能够做分类和逻辑推理。

这些网络通过反复训练来检查结果，再去校对调整参数，从而让下次执行得更好。这个处理器有大量的随机性元素，所以人们是不可能精确知道网络是如何"思考"的，但更多的训练后能让它进化得更好。

第一大脑：落子选择器（Move Picker）。

阿尔法围棋的第一个神经网络大脑是"监督学习的策略网络（Policy Network）"，观察棋盘布局企图找到最佳的下一步。事实上，它是在预测每一个合法下一步的最佳概率，因此最前面猜测的就是那个概率最高的。这可以理解成"落子选择器"。

第二大脑：棋局评估器（Position Evaluator）。

阿尔法围棋的第二个大脑相对于落子选择器是在回答另一个问题：它不是去猜测具体的下一步，而是预测每一个棋手赢棋的可能，再给定棋子的位置。这"局面评估器"就是"价值网络（Value Network）"，通过整体局面判断来辅助落子选择器。这个判断仅仅是大概的，但对于阅读速度提高很有帮助。通过分类潜在的未来局面的"好"与"坏"，AlphaGo 能够决定是否通过特殊变种去深入阅读。如果局面评估器说这个特殊变种不行，那么 AI 就跳过阅读在这一条线上的任何更多落子。

4. "人造大脑"即将走进现实

和前辈们比较，AlphaGo 学围棋的关键不在于简单粗暴地计算出可能的步骤，而是掌握了一项名为"深度学习"的高级技能。它就像给计算机开了外挂，不再简单地使用计算能力来统计所有数据，而是像人类一样，通过不断训练学习提高，开始依靠一套极复杂的直觉机制。科学家们曾一度认为这种机制只可能存在于人类大脑中的"想象力"。

用 AlphaGo 之父——人工智能团队 DeepMind 的负责人杰米斯·哈萨比斯的话说："AlphaGo 自己学会了很多规律和走法。它就像人类一样在学习。一个人可以在几局棋里学到的东西，它必须通过几百万盘才能学到。"只不过在 AlphaGo 的世界里，自己和自己下几百万盘棋，也只需要一天的时间而已。

因此，如果把“深蓝”比作一台专门用来下国际象棋的高级游戏街机，AlphaGo 则是有着超强学习能力的机器学霸，AlphaGo 还能在不断与高手过招的过程中变得更优秀。依靠如此高效的学习能力，半个世纪前设想的“人造大脑”即将走进现实。

伴随着围棋“人机大战”的热议，人工智能取代人类工作岗位的讨论也浮出水面。一些新闻机构已经开始引进人工智能记者；谷歌无人驾驶车也已经“独自”在高速公路上开了 100 多万公里；不久前举行的美国科学促进会（AAAS）会议上，计算机科学家表示，智能机器可能将在各个经济部门取代人类劳动者……

被人工智能抢走饭碗的危险似乎迫在眉睫，但人们真正的忧虑却并不在于此。一个世纪前，工业流水线的普及让大批工人失业，但经历了短暂的混乱后，产业格局的重新洗牌又很快让劳动力找到新的定位。更深的原因在于，人们早已接受比自己的力气更大、速度更快、更有效率的机器，却无法轻易接受它们比自己更聪明。

斯蒂芬·霍金的告诫言犹在耳：“除非我们谨慎从事，否则棋盘游戏或许只是开始：人工智能最终可能变得比我们所有人都更聪明。”

随着人工智能攻破人类智慧领域的一个又一个堡垒，机器智力超越人类似乎只是时间早晚的问题。

科学家将机器变得超级聪明的时刻叫作“技术奇点”。美国人工智能专家雷·库兹韦尔在《奇点临近》一书中预测了这一时刻。他认为，21 世纪 30 年代，机器智能将赶上人类，人类大脑信息上传成为可能；2045 年，“奇点”来临，人工智能将完全超越人类智能。

对此希伯来大学历史系教授，《人类简史》的作者尤瓦尔·赫拉利指出，科幻作品里的伦理和政治难题之所以和我们现今的世界如出一辙，因为这是属于我们的想象范畴。而在真正的科技“奇点”之后，无论是超级人工智能还是人类和计算机合而为一的超级生化人，他们的心智、情感和欲望完全都将超出我们的想象。因此也无法将人类现今的道德、情感套用到他们身上。换句话说，人们恐惧的根源是人类自身的缺陷，我们惧怕更强大而不受控制的自己。之前“深蓝”战胜卡斯帕罗夫时，一篇名为《为人类智慧喝彩》的文章评价说：“人类是‘深蓝’智慧的源泉。倘若只有棋王取胜才能带给我们如释重负的轻松感，那便是源自一种对复杂事物的肤浅理解。”如果今天的我们把 AlphaGo 的未来也限定在“征服人类”或“被征服”的狭隘认知中，或许也同样目光短浅。

从这个视角而言，恐惧或无视人工智能时代的到来都是盲目短视，正视并探讨人工智能潜力的意义在于，尽管“技术奇点”的未来或许远超现今人类的想象，但人工智能将朝怎样的方向发展，完全掌握在人类自己手中。

二、“波拉尼的悖论”

围棋是高度复杂的战略游戏，无法依靠机会和运气取胜。然而和象棋不同的是，没人能解释高段位围棋该如何下。事实上，甚至连围棋大师都无法完全搞懂自己为什么会下得一手好棋。从驾车到辨认面孔，这种不自知是存在于人类诸多能力中的一种普遍现象。英国哲学家、科学家迈克尔·波拉尼描绘这种奇异的状态时说：“我们知道的要比我们能表达的多。”人们将这种现象称为“波拉尼的悖论”。

“波拉尼的悖论”并没有妨碍人民使用电脑来完成一些复杂的工作。这些活动的编程需要极高的精确度，以命令电脑具体该做什么。而给电脑编程的老方法在应用方面非常受限，在很多领域都行不通。

“深蓝”之所以能够有超人的绝佳表现，几乎纯粹是靠运算能力：它被输入了数百万个国际象棋案例，因此能在众多可能性中进行筛选，从而确定下一步棋的最佳位置。然而围棋落子的可能性要多得多，即便是运算速度最快的电脑都无法模拟哪怕是其中的一小部分。

“阿尔法围棋”生动地诠释了新方法的威力。这个方法是创建一个几乎完全靠自学，并通过观察成功与失败案例来掌握得胜技巧的系统。

“阿尔法围棋”确实使用了模拟的方式和传统搜索算法来帮它下了几步棋，但真正的突破则在于它能够克服“波拉尼的悖论”。之所以能做到这点，是因为它既能通过具体案例，也能通过自身经验来得出决胜战略。这些案例取材于 2 500 年围棋史上出自围棋大师之手的无数经典棋局。为了弄清这些棋局中蕴含的决胜策略，系统使用了一种名为“深度学习”的超凡方法，能够梳理出模式并快速抓住重点，且不会迷失在信息海洋中。

对于人脑来说，学习是一个在神经元之间形成并加强关联的过程。“深度学习”系统采取了类似方式，因而被称作“神经网络”。它在软件中建立起数十亿节点和关联，使用案例“训练集”来强化刺激（正在下的棋）和反应（下一步棋）间的关联，然后再对系统进行新刺激，并观察其反应。通过另一种名叫“强化学习”的技术，“阿尔法围棋”还和自己下了数百万盘棋，以记住有效的走法和战略。

三、AlphaGo 算法的优势与缺陷

2016 年 3 月 12 日人机大战第三局，AlphaGo 执白 176 手中盘胜李世石，以 3∶0 的比分提前取得了对人类的胜利。这一局李世石败得最惨，早早就被 AlphaGo 妙手击溃，整盘棋毫无机会。最后李世石悲壮地造劫，在 AlphaGo 脱先之后终于造出了紧劫。但 AlphaGo 只靠本身劫就赢得了劫争，粉碎了 AlphaGo 不会打劫的猜想。这一局 AlphaGo 表现出的水平是三局中最高的，几乎没有一手棋是能被人置疑的，全是好招。三局过去，AlphaGo 到底实力高到什么程度，人们反而更不清楚了。

看完这三局，棋界终于差不多绝望了，原以为 5∶0 的，都倒向 0∶5 了。有些职业棋手在盘算让先、让二子是否顶得住。整个历程可以和科幻小说《三体》中的黑暗战役类比，人类开始对战胜三体人信心满满，一心想旁观 5∶0 的大胜。然而一场战斗下来人类舰队全灭，全体陷入了 0∶5 的悲观失望情绪中。

现在有了三盘高水平的棋谱，质量远高于之前和樊麾的五盘棋谱，可以做出一些技术分析了。从研发的角度看，谷歌团队把 15～20 个专家凑在了一起，又提供了巨量的高性能计算资源，建立起了整个 AlphaGo 算法研究的“流水线”。这样谷歌团队就从改程序代码的麻烦工作中解放出来，变成指挥机器干活，开动流水线不断学习进步，改善策略网络价值网络的系数。而且这个研发架构似乎没有什么严重的瓶颈，可以持续不断地自我提升，有小瓶颈也可以想办法再改训练方法。就算它终于遇到了瓶颈，水平可能也远远超过人类了。

这些复杂而不断变动的神经网络系数是 AlphaGo 的独门绝技，要训练这些网络，需要比分布式版本对局时 1 200 多个 CPU 多得多的计算资源。AlphaGo 算法里还是有一些模块代码是需要人去写的，这些代码可不是机器训练出来的，再怎么训练也改不了，谷歌团队还不可能做到这么厉害，例如蒙特卡洛搜索（MCTS）整个框架的代码、快速走子网络的代码。这里其实有两位论文共同第一作者 David Silver 和 Aja Huang 多年积累的贡献。这些人写的代码，就会有内在的缺陷，不太可能是完美无缺的。这些缺陷不是“流水线”不眠不休疯狂训练能解决的，它是 AlphaGo 真正的内在缺陷，是深度学习、self-play、进化、强化学习这些高级名词解决不了的。谷歌再能

堆硬件，也解决不了，还得人去改代码。

像 AlphaGo 这么大一个软件，从算法角度上看存在 bug 是非常可能的。在行棋时表现出来就是，它突然下出一些不好的招数，而且不是因为策略网络价值网络水平不够高，而是 MCTS 框架相关的搜索代码运行的结果。如果要找 AlphaGo 潜在的 bug，需要去仔细研究它的“搜索”。那么 MCTS 的好处坏处到底是什么？幸运的是，Zen 和 CrazyStone 等上一代程序，以及 facebook 田渊栋博士开发的 Darkforest 都用了 MCTS。它们和 AlphaGo 虽然棋力相差很远，但是行棋思想其实很相似，相通之处远比我们想象的高得多。

这是田渊栋贴的 Darkforest 对前两局的局势评分（见图 7－1）。可以看出，这个评分和棋局走向高度一致，完全说得通。而且谷歌也透露了 AlphaGo 对局势的评分，虽然一直领先，但第二局也有接近的时候，能够相互印证。如果到网上下载一个 Zen，输入 AlphaGo 和李世石的对局，选择一个局面进行分析，也会有像模像样的评分出来。这究竟是怎么回事？

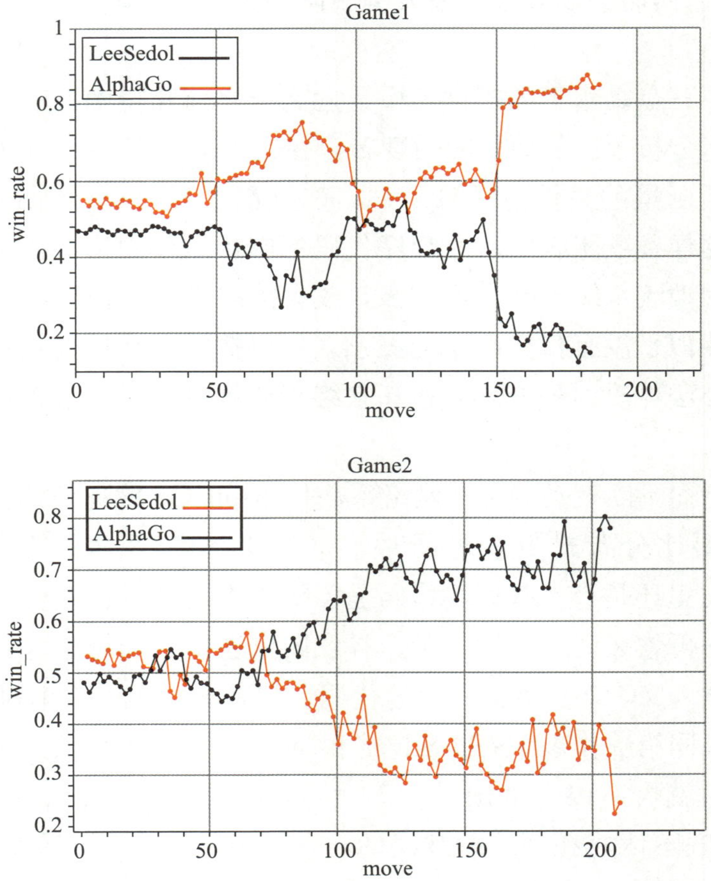

图 7－1　局势评分

从技术上来说，所谓的局势评分，就是程序的 MCTS 模块，对模拟的合理局面的胜率估计。连 AlphaGo 也是这样做的，所以几个程序才能对同样一个局面聊到一块去。所有程序的 MCTS，都是从当前局面，选择一些分支节点搜索，一直分支下去到某层的“叶子”节点，比如深入 20 步。

这个分支策略，AlphaGo 和 Darkforest 用的是“策略网络”提供的选点，选概率大的先试，鼓励走没试过的走。到了叶子节点后，就改用一个“快速走子策略”一直下完，不分支了，你一步我一步往下推进，比如再下 200 步下完数子定出胜负。这个走子策略必须是快速的，谷歌论文中说 AlphaGo 的快速走子策略比策略网络快 1 000 倍。如果用策略网络来走子，那就没有时间下完了，和李世石对局时的 2 小时会远远不够用。下完以后，将结果一路返回，做一些标记。最后统计所有合理的最终局面，看双方胜利的各占多少，就有一个胜率报出来，作为局势的评分。一般到 80%这类的胜率就没意义了，机器看自己低于 20%就中盘认输了。

AlphaGo 的创新是有价值网络，评估叶子节点时不是只看下完的结果，而是一半一半，也考虑价值网络直接对叶子节点预测的胜负结果。走子选择就简单了，选获胜概率最大的那个分支。机器也会随机下，因为有时几个分支胜率一样。

MCTS 这个框架对棋力最大的意义，我认为就是“大局观”好。无论局部战斗如何激烈，所有的模拟都永远下完，然后全盘算子的个数。这样对于自己有多少占地盘的潜力，比毛估要清楚多了。而以前的程序，不下到终局，用一些棋块形状辐射之类的来算自己影响的地盘，估得很差，因为一些棋块死没死都不清楚。MCTS 就不会这样，下到终局死没死一清二楚。MCTS 也不会只盯着局部得失，而是整个盘面都去划清楚边界。这个特点让几个 AI 对局势的评估经常很相似，大局观都不错。MCTS 对于双方交界的地方，以及虚虚实实的阵势，通过打入之类的模拟，大致有个评估。当然，这不是棋力的关键，大局观再好，局部被对手杀死也没有用，可能几手下来，局势评估就发生了突变。

AlphaGo 的大局观还特别好，特别准确，主要是它模拟的次数最多，模拟的质量最好，而且这个大局观从原理上就超过了人类！比如人看到一块阵势，如果不是基本封闭的实空，到底价值多少评估起来其实是非常粗的。高手点目时经常这样，先把能点的目算清楚，有一些小阵势如无忧角就给个经验目数，然后加上贴目算双方精确目数的差值，然后说某方的某片阵势能不能补回这个差值，需要扣除对方打入成的目数，孤棋薄棋减目数。这类估算有很多不精确的因素。

AlphaGo 就不一样了，它会真的打入到阵势里，来回模拟个几十万次，每一次都是精确的！人绝对没有能力像 AlphaGo 这么想问题，一定是利用经验去估算阵势的价值，误差就可能很大。极端情况下，一块空有没有棋，职业棋手很难判断清楚，AlphaGo 却可以通过实践模拟清楚，没棋和有棋相比，目数差别太大了。AlphaGo 虽然不是严格证明，但通过概率性地多次打入模拟，能够接近理论情况，比人类凭经验要强太多了。我可以肯定，AlphaGo 的大局观会远远超过职业高手，算目也要准得多，所以布局好、中后盘收束也很强大，甚至 Zen 之类的程序大局观都可能超过职业高手。

例如，第二局这个局面（见图 7－2）：

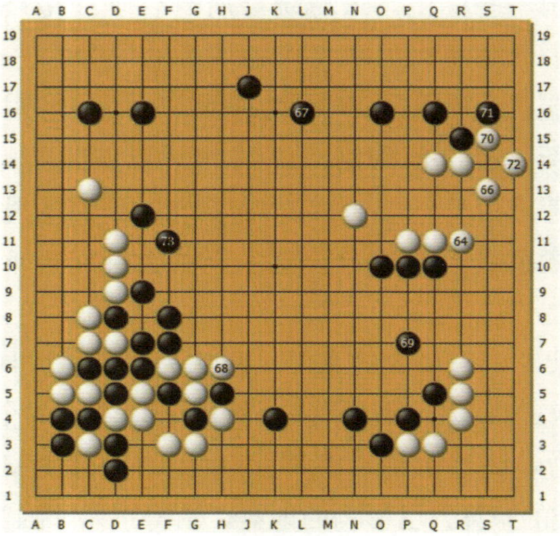

图 7－2　第二局局面

李世石左下占了便宜，本来局势还可以。但是他 70 和 72 手吃了一子落了后手，被 AlphaGo 走到 73，大局一下就落后了。这个在前面 Darkforest 对局势的评估图中都非常清楚，是局势的转折点。李世石要是手头有个 Zen 辅助，试着下两下都可能会知道 70 手不要去吃一子了。大局观不太好的职业高手，比如李世石就是个典型，大局观不如 Zen 真不一定是笑话。李世石比 Zen 强的是接触战全局战的手段，这他要强太多了。MCTS 实事求是不怕麻烦下完再算子的风格，比起人类棋手对于阵势价值的粗放估算，是思维上先天的优势。

AlphaGo 比其他程序强，甚至比职业高手还强的，是其近身搏杀时的小手段（见图 7－3）。

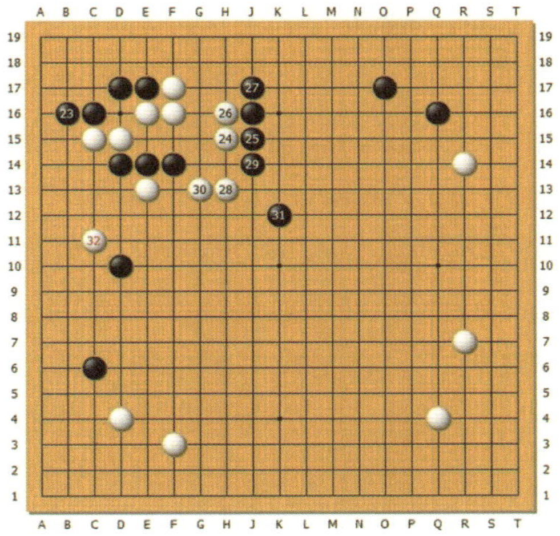

图 7－3　第三局局面

第三局，李世石 29 和 31 是失着。29 凑白 30 双，虽然获得了 H17 的先手，但是中间的头更为重要。当黑 31 手飞出后，白 32 象步飞可以说直接将黑击毙了。在盘面的左上中间焦点处，AlphaGo 的快速走子网络会有一个 7×7 之类的小窗口，对这里进行穷举一样的搜索，用人手写的代码加上策略网络。32 这步妙招可能就是这样找出来的，李世石肯定没有算到。但是 AlphaGo 是不怕麻烦的，就一直对着这里算，比人更容易看到黑三子的可怜结局。这个计算对人有些复杂，只有实力很强的才能想到算清楚，但对 AlphaGo 就很简单。李世石一招不慎就被技术性击倒了。对这种封闭局部的计算，是 AlphaGo 的强项。

但是 AlphaGo 的搜索是不是就天衣无缝了？并不是。来看第二局这个局面（见图 7－4）：

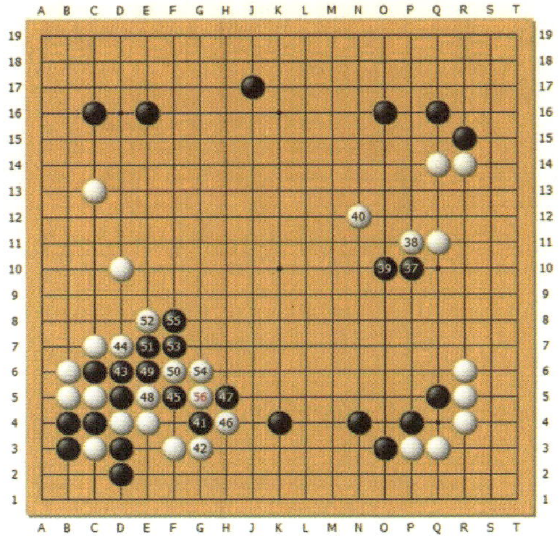

图 7－4　第二局局面

AlphaGo 黑 41 手尖冲，43 手接出作战。最后下成这样，这是三局中 AlphaGo 被众多职业棋手一致认为最明显的一次亏损失误，如果它还有失误的话，我们猜想它为什么会失误。关键在于，这里是一个开放式的接触战，棋块会发展到很远的地方去。AlphaGo 的小窗口封闭穷举搜索就不管用了，就只有靠 MCTS 在那概率性地试。这里分支很多，甚至有一个复杂的到达右上角的回头征。我认为 AlphaGo 这里就失去了可靠的技术手段，终于在这个人类一目了然的局面中迷失了。它是没有概念推理的，不知道什么叫“凭空生出一块孤棋”，也不确定人会在 50 位断然反击，可能花了大量时间在算人妥协的美好局面。

再来看 AlphaGo 一个明确的亏损（见图 7－5）。第一局白 AlphaGo 第 136 手吃掉三子。这里是一个封闭局面，是可以完全算清楚的。可以绝对地证明，136 手吃在 T15 更好，这里白亏了一目。但是为什么 AlphaGo 下错了？因为它没有“亏一目”的这种概念，只有最终模拟收完数子。白是 179 还是 180 这种概念，它根本搞不清楚差的一个子，是因为哪一手下得不同产生的，反正都是胜，它不在乎胜多少。除非是 176 与 177 子的区别，一个胜一个负，那 136 就在胜率上劣于 T15 了，它可能就改下 T15 了。

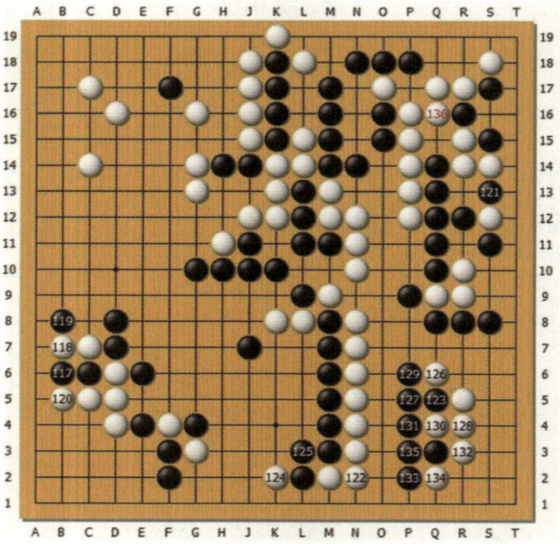

图 7－5　第一局局面

这个局面白已经胜定了所以无所谓。但是我们可以推想，如果在对局早期，局部发生了白要吃子的选择，一种是 A 位吃，一种是 B 位吃，有目数差别，选哪种吃法？这就说不清了。AlphaGo 的小窗口穷举，是为了保证对杀的胜利，不杀就输了。但是都能吃的情况下，这种一两目的区别，它还真不好编程说明。说不定就会下错亏目了。

经过以上的分析，AlphaGo 相对人类的优势和潜在缺陷就清楚多了。它的大局观天生比人强得多，因为有强大的计算资源保证模拟的终局数量足够，策略网络和价值网络剪枝又保证了模拟的质量。它在封闭局部的对杀会用一个小窗口去穷举，绝对不会输，还能找到妙手。它布局好，中盘战斗控制力强，都是大局观好的表现。它中后盘收束差不多都是封闭局面了，基本是穷举了，算目非常精确，几百万次模拟下来什么都算清了。想要收官中捞点目回去不是问题，它胜了就行；但是想收官逆转是不可能的，影响了胜率它立刻就穷举把你堵回去。

但是封闭式局面的小手段中，AlphaGo 可能存在不精确亏目的可能性，不知道怎么推理。在开放式接触战中，如果战斗会进行很久，它也可能手数太多算不清，露出破绽。但不会是崩溃性的破绽，要崩溃了它就肯定能知道这里亏了，不崩吃点暗亏它就可能糊涂着。目前来看，就是这么两个小毛病。

另外还有打劫的问题。如果是终局打劫，那是没有用的，它就穷举了，你没有办法。如果是在开局或者中局封闭式局部有了劫争，由于要找劫，等于强制变成了杀到全盘的开放度最大的开放式局面了。这是 AlphaGo 不喜欢的，因为它的小窗口搜索就用不上了。而用 MCTS 搜索，打劫步数过多，就会超过它的叶子节点扩展深度，比如 20 步就不行了，必须“快速走子”收完了。这时它就胡乱终局了，不知道如何处理劫争，模拟质量迅速下降。所以，这三局中，AlphaGo 都显得“不喜欢打劫”。但是，这不是说它不会打劫，真要逼得它不打劫必输了，那它也就被 MCTS 逼得去打了。如果劫争发生在早中期手数很多的时候，在打劫过程中它就可能发生失误。

当然这只是一个猜想。它利用强大的大局观与局部手段，可以做到“我不喜欢打劫，打劫的变化我绕过”，想吃就给你，我到别的地方捞回来。当然如果对手足够强大，是可以逼得它走上打劫的道路的，它就只好打了，说不定对手就有机会了。第三局李世石就逼得它打起了劫，但是变化简单它不怕，它只用本身劫就打爆了对手。

如果要战胜 AlphaGo，根据本文的分析，应该用这样的策略：大局观要顶得住，不能早早被它控制住了。局部手段小心，不要中招。顶住以后，在开放式的接触战中等它自己犯晕，或者在局部定型中看它自己亏目。在接触战中，要利用它“不喜欢打劫”的特性，利用一些劫争的分枝虚张声势逼它让步，但又不能太过分地把它逼入对人类不利的劫争中。这么看，这个难度还真挺高的，但也不是不可想象。

四、对数学的再认识

（1）数学被称为“科学之母”“万学之基”，是“科学的共同基因”。数学是人类文明的火车头，数学处在举足轻重的重要地位。南开大学程民德教授说：“环顾世界，所有经济大国和科技大国，必然也是数学强国。”数学是通向科学的钥匙，具有广泛的应用，并做出了杰出的贡献。伽利略曾说：“世界的法则是用数学语言写成的。”美国科学调查委员会指出：“高科技本质上是数学技术。”脸谱网站创始人马克·朱克伯格说：“数学是二十一世纪促进人类发展和创新的关键。”

（2）数学是一个庞大的领域，数学有两大分支：理论数学和应用数学。理论数学分为纯理论数学和逻辑数学，应用数学分为模糊数学、统计数学、经济数学、哲理数学等。数学是一个不断扩张的领域，英国数学家克莱因说：“数学决定了很多哲学思想的内容和研究方法，摧毁和建构了诸多宗教主义，为政治和经济理论提供了依据。塑造了众多流派的绘画、音乐、建筑和文学风格，创造了逻辑学，为电子计算机的发展奠定了基础，等等，数学作为理论性精神的化身，已渗透到以前由权威习惯、风俗所统治的领域。”数学是大脑的体操，数学思维训练是民族走向科学化、理性化、最终实现人的现代化的必由之路。

（3）数学是现代文化的重要组成部分，对人的可持续发展具有重要意义。中国著名数学家齐民友教授认为：“数学作为一种文化，在过去和现在都大大地促进了人类的思想解放……历史已经证明，一种没有相当发达的数学文化是注定要衰落的，一个不掌握数学作为一种文化的民族，也是注定要衰落的……没有现代数学就不会有现代的文化，没有现代数学的文化是注定要衰落的。”数学文化博大精深，数学是一种先进的文化，数学是一种主要的文化力量，内涵广泛，其文化价值在于：可帮助人更好地认识自然和事物及人文科学，更好地适应社会与日常生活；可以使人有条理地思考问题，有效地进行表达和交流，运用数学的思想方法分析问题和解决问题；可以使人在定性把握和定量刻画客观事物的基础上逐步加以概括，形成模型、方法和理论，可以培养人实事求是的态度和勇于拼搏的创新精神；可以培养人的辩证思维能力，使之能更全面地看待事物；可以培养学生的高尚的审美情趣，使之形成良好的非智力结构。

随着世界信息日益进入数学领域，数字王国就成了一个日益扩大的汇集之地。它是充满了惊奇关联的深透型实验室，是新的行业的诞生之地，诸多研究发现，个体的数学学习和数学能力对其发展和与所取得的成就具有极为密切的关系，并认为“数学等于机会”。

五、围棋数学化：人工智能战胜围棋人类的必要门槛

第一次人机大战结束了，但其留给人们的思考，并未终结。

从赢得很暴力，到输得很难堪，再到胜负较接近，阿尔法围棋的面目逐步显现、清晰。这次人机遭遇战，首先，前三局赢在围棋人盲目乐观；其次，第四局输在阿尔法功力不足；最后，第五局近在知彼知己。实际上，人机的各有所长，已经决定了人机争胜的道路必然漫长。对局逐渐增加而显露出的趋势表明，在现阶段的人机竞技水准，并非像比分显示的那样差距较大。从棋局的内容上看，李世石并非无力抗争。综合来说，双方实力应该还是接近的。

阿尔法围棋的实力是不容置疑的，但这种强大实力的基础，又是不可靠的。眼下阿尔法围棋的技术水平，仅从可靠性这一点来衡量，便无法作为可付诸实践的技术模式加以应用和推广。阿尔法围棋遇到难局时的应对混乱和低级崩溃，便不可辩驳地表明了这个系统具有的缺陷。模仿的优良，不足以平衡无法模仿时所犯的错误。这种系统，如果作为技术来实际应用，尚不能称为是合格的。因为，一旦遇到特例，便会出现严重失误，甚至低能，其后果还是很可怕的。

为什么会出现这个问题？除了很多专业人士指出的系统自身存在的种种局限和缺陷之外，还有一个基本的原因，是当代围棋理论尚未实现数学化。没有数学化，便没有彻底的形式化。没有必要的形式化，编程化便缺乏坚实基础。从阿尔法围棋团队发表的系统设计和运行规则来看，这是内在蕴含的根本性缺陷。在特殊甚至是很多情况下，阿尔法围棋出现各种问题是不可避免、不可克服的。随着围棋人与其对弈越多、了解越多，其暴露的问题和不足必然会越来越多。在理论基础不变的前提下，阿尔法围棋再增加棋谱量和训练量，并不会从本质上提高实力。也就是说，不在技术上进行实质创新，阿尔法围棋实力的提高是有上限的。

围棋对弈，是博弈性质的。对手的着法，在本质上具有随机性和非线性。

在有限时间内，因围棋复杂的多方关联性因素，导致人工智能必然无法穷尽，可能会波及全局的围棋计算，那就必然要遵从有限的规则来行棋。而这些规则，必然是数学化的，即以数学化的形式体现出来，有相对严格的定义，有逻辑推理的关系，有系统设定的目标。如此，以逻辑关系建构的计算机才能编程，才可执行。没有数学化的围棋机器，一定是不堪复杂性的。

从阿尔法围棋研究团队公开发布的信息看，阿尔法围棋系统的数学化，是建立在概率统计规律之上的，是具有统计数学性质的。这与以确定性数学构建的数学化是有本质差异的。

这次第四局，阿尔法围棋面对李世石 78 手之后的一系列低级应对，充分地暴露了阿尔法围棋系统现有的数学化模式的缺陷。

这次对阵表明，围棋数学化的任务任重而道远。围棋只有数学化，才能从本质上改进阿尔法围棋系统，才能带来更高水平的人人竞技、人机竞技和机机竞技。只有实现了围棋数学化，并应用到诸如阿尔法围棋系统等人工智能系统之中，才能为人工智能真正战胜围棋人奠定坚实基础。

附录

“阿尔法围棋”涉及的数学原理

一、纳什均衡——博弈论基础

博弈论是研究世界的工具，它研究人们如何合作，也研究人们如何竞争。选择一种好的战略来使其最大化，寻求最佳战略，这是博弈论的目的所在，在二人博弈中，赢家赢的正是输家输掉的。

美国经济学家罗杰·迈尔森说：“纳什的非合作博弈理论被公认为 20 世纪人类最杰出的智力成果之一，其意义可与全物质的 DNA 双螺旋结构的发现相媲美。”“在对弈中，当某一个局中人的策略不变时，每个局中人采取的混合策略都最大化其自身利益。在博弈中至少存在着这样一种策略组合，如果你改变你的策略（其他任何人的策略都不改变），你会获得比之前差的结果。”

任何一个局中人在缺乏其他局中人的完整信息的情况下，每一个博弈至少有一个均衡点，后来称为纳什均衡。他的这一结论导致后来博弈论领域的革命性质变化。

有些博弈问题我们可以使用重复剔除严格劣策略的方法，得到重复剔除占优均衡，回答局中人对策略选择这一问题。但在很多博弈问题中，我们无法使用该办法，纳什均衡为我们提供了解决这类问题的思想方法。

在 n 人非合作博弈 $G=[N,\{S_i\},\{P_i\}]$ 中，$N=\{1,2,\cdots,n\}$，若有策略组合使 $S^*=(S_1^*,S_2^*,\cdots,S_n^*)$，$S_i^*=1,2,\cdots,n$，得每一个 $i\in N$，对任意 $t^{(i)}\in S_i$，都有：

$$P(s^*\ ||\ t^{(i)})\leqslant P_i(s^*),\ i=1,2,\cdots,n$$

则称 $S^*=(S_1^*,S_2^*,\cdots,S_n^*)$，$S_i^*=1,2,\cdots,n$，是 G 的一个纯策略纳什均衡点，对应的 $\{P_i(s^*)\ |\ i=1,2,\cdots,n\}$ 称为对应的均衡结果。

纳什均衡点的思想是，当局中人选定的策略组成纳什均衡后，形成一个平衡局势。任何一个局中人单方面地改变自己的策略，只可能是自己的收益下降（或不变），绝不可能使自己的收益增加。这样，纳什均衡点构成局势使每个局中人不敢轻举妄动，因而构成平衡。

对纯策略纳什均衡给出规定，从某种意义上讲给出了对 *Rn* 空间中点的差异偏好，给出了一个判别标准或判别思想。但就是这一光辉的思想，指出了博弈研究的方法。

囚犯困境是一个 2 人非合作博弈，我们将犯罪嫌疑人 P_1 和犯罪嫌疑人 P_2 的收益用下表表示。

表 1　　囚犯困境

		P_2	
		承认	不承认
P_1	承认	(−8，−8)	(0，−10)
	不承认	(−10，0)	(−1，−1)

其中两个局中人策略集 S_1、S_2 和支付函数 P_1、P_2 都表示在图 1 中。

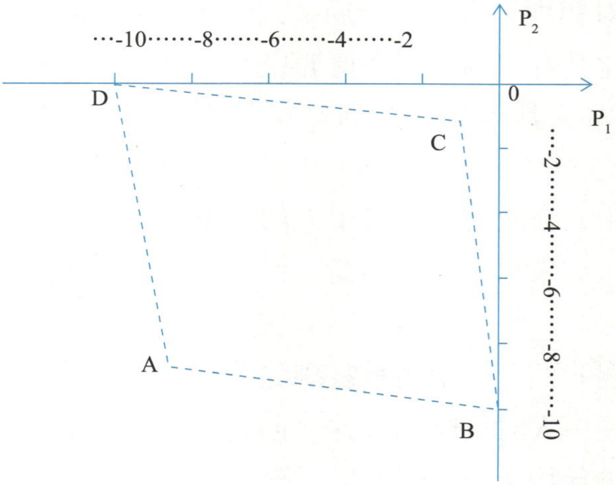

图 1　囚犯困境中的局中人收益图

该图中 A 点表示在策略组合（承认，承认）下双方收益，B 点表示在策略组合（承认，不承认）下双方收益，C 点表示在策略组合（不承认，不承认）下双方收益，D 点表示在策略组合（不承认，承认）下双方收益。很明显，在单人多目标决策的情况下，B 点、C 点和 D 点所代表的策略组合都是多目标规划中的非劣解，A 点所代表的策略组合是多目标规划中的劣解。

但在囚犯困境的非合作博弈中，策略组合（承认，承认）是唯一的纳什均衡点。

在任何一个博弈中，一个理性的局中人是如何选择自己的策略呢？他首先考虑的是对自己策略的比较，选择一个在任何情况下都好的策略。

我们对囚犯困境博弈进行分析。在囚犯困境博弈中，犯罪嫌疑人 A 和犯罪嫌疑人 B 都分别进行各自的理性考虑。犯罪嫌疑人 A 在“承认”和“不承认”两个策略之间进行比较。犯罪嫌疑人 A 考虑到无论犯罪嫌疑人 B 选择“承认”还是“不承认”，由于$-8>-10$和$0>-1$，他选择“承认”这一策略都比选择“不承认”好。因此，犯罪嫌疑人 A 会选择“承认”这一策略。同样原因，犯罪嫌疑人 B 也会选择“承认”这一策略。

针对博弈中的这种现象，我们给出如下定义：

在博弈$G=[N,\{S_i\},\{P_i\}]$中，若$s_k^{(i)}$和$s_h^{(i)}$是局中人i的两个策略，对任意策略组合s，都有：

$$P_i(s\,||\,s_k^{(i)})>P_i(s\,||\,s_h^{(i)}) \qquad ①$$

则称，局中人i的策略$s_k^{(i)}$严格占优策略$s_h^{(i)}$，或称策略$s_h^{(i)}$相对于$s_k^{(i)}$是严格劣策略。

如果式①中严格大于号“$>$”换成“$\geqslant$”，且至少有一个策略组合使得严格大于号“$>$”成立，则称局中人i的策略$s_k^{(i)}$弱占优策略$s_h^{(i)}$，或称策略$s_h^{(i)}$相对于$s_k^{(i)}$是弱劣策略。

很显然，若博弈 G 中局中人i有一个策略$s_k^{(i)}$占优策略集S_i中任何一个策略$s_h^{(i)}$ $(h\neq k)$，局中人i一定会在博弈策略中选定策略$s_k^{(i)}$；并且对任何其他理性的局中人$j(j\neq i)$，也会知道并相信局中人i的选择。于是，我们有下面的定义。

在博弈$G=[N,\{S_i\},\{P_i\}]$中，若每一个局中人i都存在一个策略$s'_i\in S_i$，$(i\in N)$，使得s'_i严格占优于$S_i\setminus\{s'_i\}$中任何策略，那么策略组合$s'=(s'_1,s'_2,\cdots,s'_n)$称为G 占优策略均衡，简称占优均衡。对应的$\{P_i(s')\mid i\in N\}$称为占优均衡结果。

例如，在“囚犯困境”博弈中，策略组合（承认，承认）就是一个占优均衡，相对应的均衡结果是（-8，-8）。

二、运筹学

运筹学是现代管理学的一门重要专业基础课。它是 20 世纪 30 年代初发展起来的一门新兴学科，其主要目的是在决策时为管理人员提供科学依据，是实现有效管理、正确决策和现代化管理的重要方法之一。该学科是一应用数学和形式科学的跨领域研究，利用统计学、数学模型和算法等方法，去寻找复杂问题中的最佳或近似最佳的解答。运筹学经常用于解决现实生活中的复杂问题，特别是改善或优化现有系统的效率。运筹学的基础知识包括实分析、矩阵论、随机过程、离散数学和算法基础等。在应用方面，运筹学多与仓储、物流、算法等领域相关，因此其与应用数学、工业工程、计算机科学、经济管理等专业密切相关。

1. 古代发展

1955 年，我国从“运筹帷幄之中，决胜千里之外”这句话摘取“运筹”二字，将 O. R. 正式译作运筹学。

“运筹”在中国古代文献中早有记载，如田忌赛马、丁渭主持皇宫修复等，说明在已有的条件下，经过筹划、安排，选择一个最好的方案，就会取得最好的效果。可见，筹划安排是十分重要的。

普遍认为，运筹学是近代应用数学的一个分支，主要是将生产、管理等事件中出现的一些带有普遍性的运筹问题加以提炼，然后利用数学方法进行解决。前者提供模型，后者提供理论和方法。

2. 研究对象

运筹学主要研究经济活动和军事活动中能用数量来表达的有关策划、管理方面的问题。当然，随着客观实际的发展，运筹学不但研究经济和军事活动，有些已经深入到日常生活当中去了。运筹学可以根据问题的要求，通过数学上的分析、运算，得出各种各样的结果，最后提出综合性的合理安排，以达到最好的效果。

现代运筹学面临的新对象是经济、技术、社会、生态和政治等因素交叉在一起的复杂系统，因此必须注意大系统、注意与系统分析相结合，与未来学相结合，引入一些非数学的方法和理论，采用软系统的思考方法。总之，运筹学还在不断发展中，新的思想、观点和方法不断出现。

（1）市场销售：在广告预算和媒体的选择、竞争性定价、新产品开发、销售计划的制订等方面，如美国杜邦公司在 20 世纪 50 年代起就非常重视将作业研究用于研究如何做好广告工作、产品定价和新产品的引入。

（2）生产计划：在总体计划方面主要是从总体确定生产、储存和劳动力的配合等计划以适应变动的需求计划，主要用线性规划和仿真方法等。此外，还可用于生产作业计划、日程表的编排等。

（3）库存管理：存货模型将库存理论与计算器的物料管理信息系统相结合，主要应用于多种物料库存量的管理，确定某些设备的能力或容量，如工厂的库存、停车场的大小、新增发电设备容量大小、计算机的主存储器容量、合理的水库容量等。

（4）运输问题：涉及空运、水运、公路运输、铁路运输、捷运、管道运输和厂内运输等，包括班次调度计划及人员服务时间安排等问题。

（5）财政和会计：涉及预算、贷款、成本分析、定价、投资、证券管理、现金管理等。用得较多的方法是：统计分析、数学规划、决策分析。此外，还有盈亏点分析法、价值分析法等。

（6）人事管理：涉及六方面：1）人员的获得和需求估计；2）人才的开发，即进行教育和训练；3）人员的分配，主要是各种指派问题；4）各类人员的合理利用问题；5）人才的评价，其中有如何测定一个人对组织、社会的贡献；6）薪资和津贴的确定等。

（7）设备维修、更新和可靠度、项目选择和评价：如电力系统的可靠度分析、核能电厂的可靠度以及风险评估等。

（8）工程的最佳化设计：在土木、水利、信息、电子、电机、光学、机械、环境和化工等领域皆有作业研究的应用。

（9）计算器和讯息系统：可将作业研究应用于计算机的主存储器配置，研究等候理论在不同排队规则对磁盘、磁鼓和光盘工作性能的影响。有人利用整数规划寻找满足一组需求档案的寻找次序，利用图论、数学规划等方法研究计算器讯息系统的自动设计。

（10）城市管理：包括各种紧急服务救难系统的设计和运用，如消防队救火站、救护车、警车等分布点的设立。美国曾用等候理论方法来确定纽约市紧急电话站的值班人数。加拿大亦曾研究一城市警车的配置和负责范围，事故发生后警车应走的路线等。此外，还包括诸如城市垃圾的清扫、搬运和处理，城市供水和污水处理系统的规划，等等。

3. 学科特点

运筹学这一学科主要具有以下特点：

（1）运筹学已被广泛应用于工商企业、军事部门、民政事业等研究组织内的统筹协调问题，故其应用不受行业、部门的限制。

（2）运筹学既对各种经营进行创造性的科学研究，又涉及组织的实际管理问题，它具有很强的实践性，最终应能向决策者提供建设性意见，并能收到实效。

（3）它以整体最优为目标，从系统的观点出发，力图以整个系统最佳的方式来解决该系统各部门之间的利害冲突。对所研究的问题求出最优解，寻求最佳的行动方案，所以它也可看成是一门优化技术，提供的是解决各类问题的优化方法。

（4）从现实生活场合抽出本质的要素来构造数学模型，因而可寻求一个跟决策者的目标有关的解。

（5）探索求解的结构并导出系统的求解过程。

（6）从可行方案中寻求系统的最优解法。

4. 规划论

数学规划即上面所说的规划论，是运筹学的一个重要分支，早在 1939 年苏联的康托洛维奇（H. B. Kahtopob）和美国的希奇柯克（F. L. Hitchcock）等人就在生产组织管理和制订交通运输方案方面首先研究和应用一线性规划方法。1947 年旦茨格等人提出了求解线性规划问题的单纯形方法，为线性规划的理论与计算奠定了基础，特别是电子计算机的出现和日益完善，更使规划论得到迅速的发展，可用电子计算机来处理成千上万个约束条件和变量的大规模线性规划问题，从解决技术问题的最优化，到工业、农业、商业、交通运输业以及决策分析部门都可以发挥作用。从范围来看，小到一个班组的计划安排，大至整个部门，甚至国民经济计划的最优化方案分析，它都有用武之地，具有适应性强、应用面广、计算技术比较简便的特点。非线性规划的基础性工作则是在 1951 年由库恩（H. W. Kuhn）和塔克（A. W. Tucker）等人完成的，到了 20 世纪 70 年代，数学规划无论是在理论上和方法上，还是在应用的深度和广度上都得到了进一步的发展。

数学规划的研究对象是计划管理工作中有关安排和估值的问题，解决的主要问题是在给定条件下，按某一衡量指标来寻找安排的最优方案。它可以表示成求函数在满足约束条件下的极大极小值问题。

数学规划和古典的求极值的问题有本质上的不同，古典方法只能处理具有简单表达式和简单约束条件的情况。而现代的数学规划中的问题目标函数和约束条件都很复杂，并且要求给出某种精确度的数字解答，因此算法的研究特别受到重视。

这里最简单的一种问题就是线性规划。如果约束条件和目标函数都是呈线性关系的就叫线性规划。要解决线性规划问题，从理论上讲都要解线性方程组，因此解线性方程组的方法，以及关于行列式、矩阵的知识，就是线性规划中非常必要的工具。

线性规划及其解法——单纯形法的出现，对运筹学的发展起了重大的推动作用。许多实际问题都可以化成线性规划来解决，而单纯形法有是一个行之有效的算法，加上计算机的出现，使一些大型复杂的实际问题的解决成为现实。

非线性规划是线性规划的进一步发展和继续。许多实际问题如设计问题、经济平衡问题都属于非线性规划的范畴。非线性规划扩大了数学规划的应用范围，同时也给数学工作者提出了许多基本理论问题，使数学中的如凸分析、数值分析等也得到了发展。还有一种规划问题和时间有关，叫作“动态规划”，近年来在工程控制、技术物理和通信中的最佳控制问题中，成为经常使用的重要工具。

5. 库存论

库存论是一种研究物质最优存储及存储控制的理论，物质存储是工业生产和经济运转的必然现象。如果物质存储过多，则会占用大量仓储空间，增加保管费用，使物质过时报废从而造成经济损失；如果存储过少，则会因失去销售时机而减少利润，或因原料短缺而造成停产。因而如何寻求一个恰当的采购、存储方案就成为库存论研究的对象。

6. 图论

图论是一个古老的但又十分活跃的分支，它是网络技术的基础。图论的创始人是数学家欧拉。1736 年他发表了图论方面的第一篇论文，解决了著名的哥尼斯堡七桥难题。相隔一百年后，1847 年基尔霍夫第一次应用图论的原理分析电网，从而把图论引进到工程技术领域。20 世纪 50 年代以来，图论的理论得到了进一步发展，将复杂庞大的工程系统和管理问题用图描述，可以解决很多工程设计和管理决策的最优化问题，例如，完成工程任务的时间最少、距离最短、费用最省等。图论受到数学、工程技术及经营管理等各方面越来越广泛的重视。

7. 排队论

排队论又叫作随机服务系统理论。它的研究目的是要回答如何改进服务机构或组织被服务的对象，使得某种指标达到最优的问题。比如一个港口应该有多少个码头，一个工厂应该有多少维修人员等。

因为排队现象是一个随机现象，因此在研究排队现象的时候，主要采用的是研究随机现象的概率论作为主要工具。此外，还有微分和微分方程。排队论把它所要研究的对象形象地描述为顾客来到服务台前要求接待。如果服务台已被其他顾客占用，那么就要排队。另一方面，服务台也时而空闲、时而忙碌，这就需要通过数学方法求得顾客的等待时间、排队长度等的概率分布。

排队论在日常生活中的应用是相当广泛的，比如水库水量的调节、生产流水线的安排、铁路分成场的调度、电网的设计等。

8. 可靠性理论

可靠性理论是研究系统故障、以提高系统可靠性问题的理论。可靠性理论研究的系统一般分为两类：（1）不可修系统：如导弹等，这种系统的参数是寿命、可靠度等；（2）可修复系统：如一般的机电设备等，这种系统的重要参数是有效度，其值为系统的正常工作时间与正常工作时间加上事故修理时间之比。

9. 对策论

对策论也叫博弈论，前面讲的田忌赛马就是典型的博弈论问题。作为运筹学的一个分支，博弈论的发展也只有几十年的历史。系统地创建这门学科的是数学家冯·诺依曼。

最初用数学方法研究博弈论是在国际象棋中开始的，旨在确定取胜的算法。由于是研究双方冲突、制胜对策的问题，所以这门学科在军事方面有着十分重要的应用。数学家还对水雷和舰艇、歼击机和轰炸机之间的作战、追踪等问题进行了研究，提出了追逃双方都能自主决策的数学理论。此外，人工智能研究的进一步发展对博弈论提出了更多新的要求。

10. 决策论

决策论研究决策问题。所谓决策就是根据客观可能性，借助一定的理论、方法和工具，科学地选择最优方案的过程。决策问题是由决策者和决策域构成的，而决策域又由决策空间、状态空间和结果函数构成。研究决策理论与方法的科学就是决策科学。决策所要解决的问题是多种多样的，从不同角度有不同的分类方法，按决策者所面临的自然状态的确定与否可分为：确定型决策、不确定型决策和风险型决策；按决策所依据的目标个数可分为：单目标决策与多目标决策；按决策问题的性质可分为：战略决策与策略决策，以及按不同准则划分成的种种决策问题类型。不同类型的决策问题应采用不同的决策方法。决策的基本步骤为：（1）确定问题，提出决策的目标；（2）发现、探索和拟定各种可行方案；（3）从多种可行方案中，选出最满意的方案；（4）决策的执行与反馈，以寻求决策的动态最优。

如果决策者的对方也是人（一个人或一群人），双方都希望取胜，这类具有竞争性的决策称为对策或博弈型决策。构成对策问题的三个根本要素是：局中人、策略与一局对策的得失。对策问题一般可分为两人有限零和对策、阵地对策、连续对策、多人对策与微分对策等。

11. 搜索论

搜索论是由于第二次世界大战中战争的需要而出现的运筹学分支，主要研究在资源和探测手段受到限制的情况下，如何设计寻找某种目标的最优方案，并加以实施的理论和方法。搜索论在实际应用中也取得了不少成效，例如 20 世纪 60 年代，美国寻找在大西洋失踪的核潜艇“打谷者号”和“蝎子号”，以及在地中海寻找丢失的氢弹，都是依据搜索论获得成功的。

12. 排队论

排队论，或称随机服务系统理论、排队理论，是数学运筹学的分支学科。它是研究服务系统中排队现象随机规律的学科。广泛应用于电信、交通工程、计算机网络、生产、运输、库存等各项资源共享的随机服务系统，以及工厂、商店、办公室和医院的设计。

排队论研究的内容有三个方面：统计推断，根据资料建立模型；系统的性态，即和排队有关的数量指标的概率规律性；系统的最佳化问题。其目的是正确设计和有效运行各个服务系统，使之发挥最佳效益。

三、矩阵

在数学中，矩阵是一个按照长方阵列排列的复数或实数集合，最早来自方程组的系数及常数所构成的方阵。矩阵是数学中表示一批相关数的重要方式，例如，矩阵表示通信网络模型和交通运输模型。许多数学算法都是以矩阵为基础来开发的。

矩阵是高等代数学中的常见工具，也常见于统计分析等应用数学学科中。在物理学中，矩阵于电路学、力学、光学和量子物理中都有应用；计算机科学中，三维动画制作也需要用到矩阵。矩阵的运算是数值分析领域的重要问题。将矩阵分解为简单矩阵的组合可以在理论和实际应用上简化矩阵的运算。对一些应用广泛而形式特殊的矩阵，如稀疏矩阵和准对角矩阵，有特定的快速运算算法。

1. 矩阵定义

由 $m\times n$ 个数 a_{ij} 排成的 m 行 n 列的数表称为 m 行 n 列的矩阵，简称 $m\times n$ 矩阵。记作：

$$A=\begin{bmatrix} a_{11} & a_{12} & \cdots & a_{1n} \\ a_{21} & a_{22} & \cdots & a_{2n} \\ a_{31} & a_{32} & \cdots & a_{3n} \\ \cdots & \cdots & & \cdots \\ a_{m_1} & a_{m_2} & \cdots & a_{mn} \end{bmatrix}$$

这 $m\times n$ 个数称为矩阵 A 的元素，简称为元，数 a_{ij} 位于矩阵 A 的第 i 行第 j 列，称为矩阵 A 的（i，j）元，以数 a_{ij} 为（i，j）元的矩阵可记为（a_{ij}）或（a_{ij}）$m\times n$，$m\times n$ 矩阵 A 也记作 Amn。

元素是实数的矩阵称为实矩阵，元素是复数的矩阵称为复矩阵。而行数与列数都等于 n 的矩阵称为 n 阶矩阵或 n 阶方阵。

2. 矩阵基本运算

矩阵运算在科学计算中非常重要，而矩阵的基本运算包括矩阵的加法、减法、数乘、转置、共轭和共轭转置。

（1）矩阵加法。

$$\begin{bmatrix} 1 & 4 & 2 \\ 2 & 0 & 0 \end{bmatrix}+\begin{bmatrix} 0 & 0 & 5 \\ 7 & 5 & 0 \end{bmatrix}=\begin{bmatrix} 1+0 & 4+0 & 2+5 \\ 2+7 & 0+5 & 0+0 \end{bmatrix}=\begin{bmatrix} 1 & 4 & 7 \\ 9 & 5 & 0 \end{bmatrix}$$

矩阵的加法满足下列运算律（A，B，C 都是同型矩阵）：

$$A+B=B+A$$

$$(A+B)+C=A+(B+C)$$

应该注意的是只有同型矩阵之间才可以进行加法。

（2）矩阵减法。

$$\begin{bmatrix} 1 & 4 & 2 \\ 2 & 0 & 0 \end{bmatrix}-\begin{bmatrix} 0 & 0 & 5 \\ 7 & 5 & 0 \end{bmatrix}=\begin{bmatrix} 1-0 & 4-0 & 2-5 \\ 2-7 & 0-5 & 0-0 \end{bmatrix}=\begin{bmatrix} 1 & 4 & -3 \\ -5 & -5 & 0 \end{bmatrix}$$

（3）矩阵数乘。

$$2\times\begin{bmatrix} 1 & 8 & -3 \\ 4 & -2 & 5 \end{bmatrix}=\begin{bmatrix} 2\times 1 & 2\times 8 & 2\times(-3) \\ 2\times 4 & 2\times(-2) & 2\times 5 \end{bmatrix}=\begin{bmatrix} 2 & 16 & -6 \\ 8 & -4 & 10 \end{bmatrix}$$

矩阵的数乘满足以下运算律：

$$(\lambda\mu)A=\lambda(\mu A)$$

$$(\lambda+\mu)A=\lambda A+\mu B$$

$$\lambda(A+B)=\lambda A+\lambda B$$

矩阵的加减法和矩阵的数乘合称矩阵的线性运算。

（4）矩阵转置。

把矩阵 A 的行和列互相交换所产生的矩阵称为 A 的转置矩阵，这一过程称为矩阵的转置。

$$\begin{bmatrix}2 & 4 & 3\\0 & -2 & 8\end{bmatrix}^T=\begin{bmatrix}2 & 0\\4 & -2\\3 & 8\end{bmatrix}$$

矩阵的转置满足以下运算律：

$$(A^T)^T=A$$

$$(\lambda A)^T=\lambda A^T$$

$$(AB)^T=B^TA^T$$

（5）矩阵共轭。

矩阵的共轭定义为：

$$(A)_{i,j}=\overline{A_{i,j}}$$

一个 2×2 复数矩阵的共轭如下所示：

$$A=\begin{bmatrix}3+i & 5\\2-2i & i\end{bmatrix}$$

则：

$$\overline{A}=\begin{bmatrix}3-i & 5\\2+2i & -i\end{bmatrix}$$

（6）矩阵共轭转置。

矩阵的共轭转置定义为：

$(A^*)_{i,j}=\overline{A_{j,i}}$，也可以写为：

$$A^*=(\overline{A})^T=\overline{A^T}$$

一个 2×2 复数矩阵的共轭如下所示：

$$A=\begin{bmatrix}3+i & 5\\2-2i & i\end{bmatrix}$$

则：

$$A^* = \begin{bmatrix} 3-i & 2+2i \\ 5 & -i \end{bmatrix}$$

（7）矩阵乘法。

两个矩阵的乘法仅当第一个矩阵 A 的列数和另一个矩阵 B 的行数相等时才能定义。如 A 是 $m\times n$ 矩阵和 B 是 $n\times p$ 矩阵，它们的乘积 C 是一个 $m\times p$ 矩阵 $C=(c_{ij})$，它的一个元素：

$$c_{i,j}=a_{i,1}b_{1,j}+a_{i,2}b_{2,j}+\cdots+a_{i,n}b_{n,j}=\sum_{r=1}^{n}a_{i,r}b_{r,j}$$

并将此乘积记为：

$$C=AB$$

例如：

$$\begin{bmatrix} 1 & 0 & 2 \\ -1 & 3 & 1 \end{bmatrix}\times\begin{bmatrix} 3 & 1 \\ 2 & 1 \\ 1 & 0 \end{bmatrix}=\begin{bmatrix} (1\times3+0\times2+2\times1) & (1\times1+0\times1+2\times0) \\ (-1\times3+3\times2+1\times1) & (-1\times1+3\times1+1\times0) \end{bmatrix}$$

$$=\begin{bmatrix} 5 & 1 \\ 4 & 2 \end{bmatrix}$$

矩阵的乘法满足以下运算律：

结合律：

$$(AB)C=A(BC)$$

左分配律：

$$(A+B)C=AC+BC$$

右分配律：

$$C(A+B)=CA+CB$$

矩阵乘法不满足交换律。

四、优选法

优选法，是以数学原理为指导，合理安排试验，以尽可能少的试验次数尽快找到生产和科学实验中最优方案的科学方法，即最优化方法。例如：在现代体育实践的科学实验中，怎样选取最合适的配方、配比；寻找最好的操作和工艺条件；找出产品的最合理的设计参数，使产品的质量最好，产量最多，或在一定条件下使成本最低，消耗原料最少，生产周期最短等。把这种最合适、最好、最合理的方案，称为最优；把选取最合适的配方、配比，寻找最好的操作和工艺条件，给出产品最合理的设计参数，叫作优选。也就是根据问题的性质在一定条件下选取最优方案。最简单的最优化问题是极值问题，这种问题用微分学的知识即可解决。实际工作中的优选问题，即最优化问题，大体上有两类：一类是求函数的极值；另一类是求泛函的极值。如果目标函数有明显的表达式，一般可用微分法、变分法、极大值原理或动态规划等分析方法求解（间接选优）；如果目标函数的表达式过于复杂或根本没有明显的表达式，则可用数值方法或试验最优化等直接方法求解（直接选优）。

优选法在数学上就是寻找函数极值的较快较精确的计算方法。1953 年美国数学家 J. 基弗提出单因素优选法 0.618 法（又称黄金分割法），后来又提出抛物线法。双因素和多因数优选法涉及问题较复杂，方法和思路也较多。优选法的应用范围相当广泛，中国数学家华罗庚在生产企业中推广应用并取得成效。企业在新产品、新工艺研究，仪表、设备调试等方面采用优选法，能以较少的实验次数迅速找到较优方案，在不增加设备、物资、人力和原材料的条件下，缩短工期、提高产量和质量，降低成本等。

优选法是尽可能少做试验，尽快地找到生产和科研的最优方案的方法，在我国优选法的应用从 20 世纪 70 年代初开始，首先由数学家华罗庚等广泛应用并推广。

1. 优选法的优点

怎样用较少的试验次数，打出最合适的训练量，这就是优选法所要研究的问题。应用这种方法安排试验，在不增加设备、投资、人力和器材的条件下，可以缩短时间、提高质量，达到增强体质、迅速提高运动成绩的目的。

2. 优选法的基本步骤

（1）选定优化判据（试验指标），确定影响因素。优选数据是用来判断优选程度的依据。

（2）优化判据与影响因素的直接关系称为目标函数。

（3）优化计算。优化（选）试验方法一般分为两类：分析法（同步试验法）、黑箱法（循序试验法）。

3. 优选法的分类

优选法分为单因素方法和多因素方法两类。单因素方法有对分法、0.618 法（黄金分割法）、分数法、分数试验法等；多因素方法有很多，但在理论上都不完备，主要有降维法、爬山法、随机试验法、试验设计法等。优选法在体育领域已得到广泛应用。

（1）单因素方法。

如果在试验时，只考虑一个对目标影响最大的因素，其他因素尽量保持不变，则称为单因素问题。一般步骤是：首先应估计包含最优点的试验范围，如果用 a 表示下限，b 表示上限，试验范围为［a，b］；然后将试验结果和因素取值的关系写成数学表达式，不能写出表达式时，就要确定评定结果好坏的方法。

1）对分法：假如某一集合中包含偶数个元素，则可以把它分成两个相等的部分，每部分包含同等数量的元素；假如某一集合包含奇数个元素，也可以把它分成两部分，每部分所包含的元素个数尽可能相等，然后用“是非法”的形式来提问，在得到回答后，重复上述步骤，直到确定此集合中的某一特定元素为止。

2）黄金分割法：把一条线段分割为两部分，使其中一部分与全长之比等于另一部分与这部分之比。其比值是一个无理数，取其前三位数字的近似值是 0.618。每次取黄金分割点进行优选的方法称为黄金分割法。

3）分数试验法：利用菲波拉契数列 1，1，2，3，5，8，13，21，34，55，89，144，…，构成 3/8，5/8，8/13，13/21，21/34，34/55，55/89，89/144，…，分数在实验中进行取值的方法，称为分数试验法。

（2）多因素方法。

首先对各个因素进行分析，找出主要因素，然后略去次要因素，化“多”为“少”，以利于解决问题。

五、深层神经网络使用“价值网络”评估棋局、“策略网络”选择落子

由于海量搜索空间、评估棋局和落子行为的难度，围棋长期以来被视为人工智能领域最具挑战的经典游戏。这里，我们介绍一种新的电脑围棋算法：使用“价值网络”评估棋局、“策略网络”选择落子。这些深层神经网络，是由人类专家博弈训练的监督学习和电脑自我博弈训练的强化学习共同构成的一种新型组合。没有任何预先搜索的情境下，这些神经网络能与顶尖水平的、模拟了千万次随机自我博弈的蒙特卡洛树搜索程序下围棋。我们还介绍一种新的搜索算法：结合了估值和策略网络的蒙特卡洛模拟算法。用这种搜索算法，我们的程序 AlphaGo 与其他围棋程序对弈达到 99.8%的胜率，并以 5∶0 击败

了欧洲围棋冠军。这是计算机程序第一次在标准围棋比赛中击败人类职业棋手——以前这被认为需要至少十年以上才能实现。

完美信息类游戏都有一种最优值函数 $v*$（s），从所有游戏者完美对弈时每一棋盘局面或状态 s，判断出游戏结果。这类游戏可以通过递归计算一个约含 bd 种可能落子情况序列的搜索树，求得上述最优值函数来解决。这里，b 是游戏广度（每个局面可合法落子的数量），d 是游戏深度（对弈步数）。在国际象棋（$b\approx35$，$d\approx80$），特别是围棋（$b\approx250$，$d\approx150$）等大型游戏中，虽然穷举搜索并不可取，但有两种常规方法可以减少其有效搜索空间。第一种方法，搜索深度可以通过局面评估来降低：用状态 s 截断搜索树，将 s 的下级子树用预测状态 s 结果的近似值函数 v（s）$\approx v*$（s）代替。这种做法在国际象棋、跳棋和奥赛罗中超过了人类的性能，但由于围棋的复杂性，这种做法在围棋中变得棘手。第二种方法，搜索广度可以用局面 s 中表示可能落子 a 的策略函数 p（$a\mid s$）产生的概率分布的弈法抽样来降低。例如，蒙特卡洛走子算法搜索到最大深度时无任何分支，而是用策略变量 p 为对弈双方的长弈法序列采样。大体上，这些走子行为提供了一种有效的局面评估，在五子棋、拼字游戏和低水平业余围棋比赛中均实现了超越人类水平的性能。

蒙特卡洛树搜索用蒙特卡洛走子来估算一个搜索树中每个状态的值。随着更多模拟情况的执行，该搜索树生长变大、相关值变得更加准确。随着时间的推移，通过选择那些较高估值的子树，选择弈法的策略得到了提高。该策略渐进收敛于最优弈法，对应的估值结果收敛于该最优值函数。当下最强的围棋程序都基于蒙特卡洛树搜索，通过预测人类高手落子情况而训练的一些策略来增强性能。这些策略大都把此搜索过程限制在高概率弈法以及走子时的弈法采样，该方法已经在很强的业余博弈中取得了成功。然而，以前的做法仅限于浅层策略，或某些基于一种带输入型特征值的线性函数组合的估值函数。

近年来，深度卷积神经网络在视觉领域达到前所未有的高性能，如图像分类、人脸识别、雅达利游戏。他们用重叠排列的多层神经元，逐步构建图像的局部抽象表征。我们在围棋中采用类似架构：通过把棋局看作一个 19×19 的图像，使用若干卷积层构造该局面的表征值。用这些神经网络，来减少有效深度及搜索树广度。

我们用由机器学习若干阶段组成的管道来训练这些神经网络（见图 2）。开始阶段，我们直接使用人类高手的落子弈法训练一种有监督学习（SL）型的走棋策略网络 p_σ。此阶段提供快速、高效的带有即时反馈和高品质梯度的机器学习更新数据。类似以前的做法，我们也训练了一个快速走棋策略 p_π，能对走子时的弈法快速采样。接下来的阶段，我们训练一种强化学习（RL）型的走棋策略网络 p_ρ，通过优化那些自我博弈的最终结果，来提高前面的 SL 策略网络。此阶段是将该策略调校到赢取比赛的正确目标上，而非最大限度地预测准确性。最后阶段，我们训练一种估值网络 v_θ，来预测那些采用 RL 走棋策略网络自我博弈的赢家。我们的程序 AlphaGo，用蒙特卡洛树搜索有效结合了策略和估值网络。

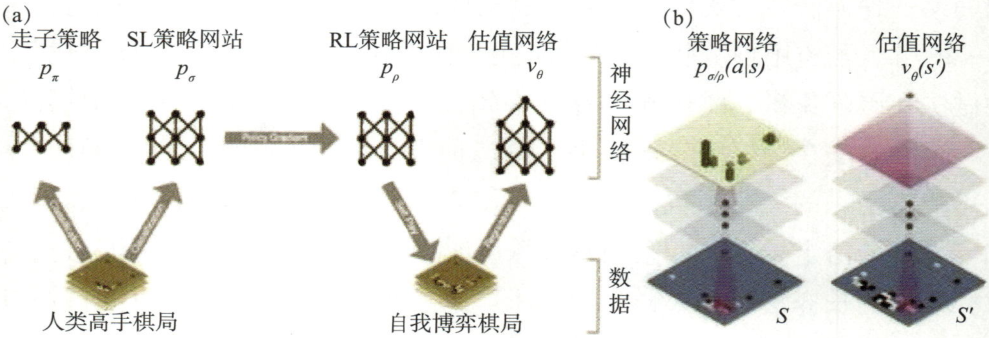

图 2　神经网络训练管道和架构

图 2（a），一种快速走子策略 p_π 和监督学习（SL）策略网络 p_σ 被训练，用来预测一个局面数据集中人类高手的落子情况。一种强化学习（RL）策略网络 p_ρ 按该 SL 策略网络进行初始化，然后对前一版策略网络用策略梯度学习来最大化该结果（即赢得更多的比赛）。通过和这个 RL 策略网络自我博弈，产生一个新数据集。最后，一种估值网络 v_θ 由回归训练，用来预测此自我博弈数据集里面局面的预期结果（即是否当前玩家获胜）。图 2（b）是 AlphaGo 神经网络架构的示意图。图中的策略网络表示：作为输入变量的棋局 s，通过带参数 σ（SL 策略网络）或 ρ（RL 策略网络）的许多卷积层，输出合法落子情况 a 的概率分布或由此局面概率图来呈现。此估值网络同样使用许多带参数 θ 的卷积层，但输出一个用来预测局面 s 预期结果的标量值 v_θ。

1. 策略网络的监督学习

训练管道第一阶段，我们按以前的做法用监督学习预测围棋中高手的落子情况。此 SL 策略网络 $p_\sigma(a \mid s)$ 在带有权重数组变量 σ 和整流器非线性特征值数组的卷积层间交替使用。最终的 softmax 层输出一个所有合法落子情况的概率分布 a。此策略网络的输入变量 s 是一个棋局状态的简单标识变量。策略网络基于随机采样的棋盘情形—操作对（s，a）做训练：采用随机梯度升序法，在选定状态 s 时，取人类落子 a 的最大相似度。

$$\Delta_{\sigma} \propto \frac{\partial \log p_{\sigma}(a \mid s)}{\partial_{\sigma}}$$

我们用 KGS 围棋服务器上的 3 000 万种棋局，训练了一个 13 层策略网络，称之为 SL 策略网络。对比其他研究团体提交的 44.4%顶尖水准，该网络在一个公开测试数据集上预测高手落子情况：采用全部输入型特征值可达 57.0%的精度，只采用原始棋局和落子历史数据作为输入可达 55.7%。准确性上小的改进，可导致算力大幅提高（图 3（a））；较大网络亦可实现更好的精度，但在搜索过程中的评价会变慢。我们也训练了一个快速但低准确度的走子策略 p_{π}（$a \mid s$），采用一种带权重 π 的小图式特征量的线性 softmax 层，仅用 2 微秒选择一种弈法可以达到 24.2%的精确度，而不是此策略网络的 3 毫秒。

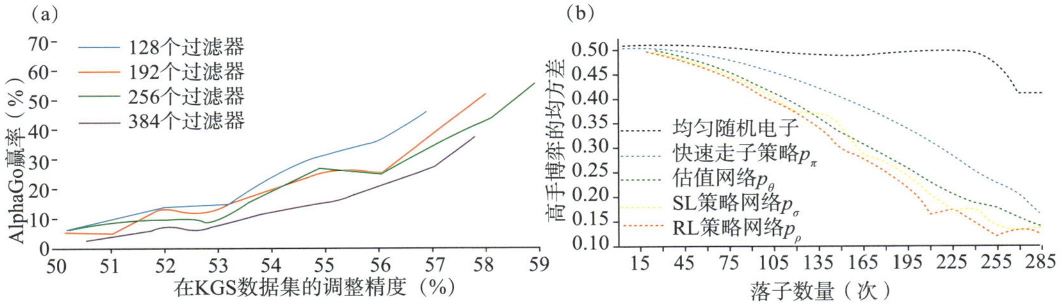

图 3　策略和估值网络的算力和准确性

图 3（a），标尺图展示作为一个训练精确性函数的策略网络博弈算力。每个卷积层分别有 128、192、256 和 384 个过滤器的策略网络在训练期间被定期评估；此图显示 AlphaGo 运用那种策略网络与比赛版 AlphaGo 对战的胜率。图 3（b）是该估值网络和不同策略走子弈法之间的估值精度比较。从人类专家博弈中做局面和结果采样，每局都由一个单一向前传递的估值网络 v_{θ}，或 100 步走子情况的平均结果做评估，用均匀随机走子，快速走子策略 p_{π}，SL 策略网络 p_{σ} 或 RL 策略网络 p_{ρ} 等使局面充分被评估。此预测值和实际博弈间的均方差，绘制在博弈阶段（多少落子已经在给定局面）。

2. 策略网络的增强学习

训练管道第二阶段，旨在用策略梯度型增强学习（RL）来提高之前的策略网络。这种 RL 策略网络 p_ρ 在结构上与 SL 策略网络相同，其权重 ρ 被初始化为相同值：$\rho=\sigma$。我们使其在当前策略网络 p_ρ 和某个随机选择的上次迭代产生的策略网络之间进行对弈。这种方法的训练，要用随机化的存有对手稳定态的数据池，来防止对当前策略的过度拟合。我们使用报酬函数 r（s），对所有非终端时间步长 $t<T$ 时，赋值为 0。其结果值 $zt=\pm r$（sT）是博弈结束时的终端奖励：按照当前博弈者在时间步长 t 时的预期，给胜方 +1、败方 −1。权重在每一次步长变量 t 时，按照预期结果最大值的方向，进行随机梯度升序更新。

$$\Delta_\rho \propto \frac{\partial \log p_\rho(a_t \mid s_t)}{\partial_\rho} z_t$$

博弈中我们评估该 RL 策略网络的性能，从弈法输出概率分布对每一次落子采样。与 SL 策略网络正面博弈时，RL 策略网络赢了 80%以上。我们还用最厉害的开源围棋程序 Pachi14 来测试。那是一种复杂的蒙特卡洛搜索程序——KGS 服务器上排名第二的业余选手 dan，每个落子要执行 10 万次模拟。不用任何搜索，RL 策略网络赢得了 85%与 Pachi 的对弈。对照以前的顶尖水平，仅基于卷积网络的监督学习与 Pachi23 对弈只能赢得 11%、与较弱程序 Fuego24 对弈为 12%。

3. 估值网络的增强学习

最后阶段的训练管道聚焦在对棋局的评估，用一个估值函数 vp（s）做估计，给棋局 s 中两个使用策略 p 的博弈者预测结果。

$$\nu_p(s) = E[\sim t \mid s_t = s,\ a_t \cdots T \sim P]$$

理想情况下，我们想知道完美博弈 $v*$（s）中的该最优值函数；实践中，我们用值函数代替做估算，作为最强策略用在 *RL* 策略网络 p_ρ。我们用带权重数组 θ 的估值网络 v_θ（s）对此估值函数做近似。

$$\nu_\theta(s) \approx v_{pv}(s) \approx v^k(s)$$

该神经网络具有一种与此估值函数相似的结构，但输出一个单一预测，而不是一个概率分布。我们用状态—结果对（s，z）回归，训练该估值网络权重，使用随机梯度降序来最小化该预测值 v_θ（s）和相应结果 z 间的均方差（MSE）。

$$\Delta\ell \propto \frac{\partial v_\theta(s)}{\partial_\theta}(z - v_\theta(s))$$

用包含全部博弈的数据集，来预测对弈结果的幼稚做法，会导致过度拟合。其错误在于：连续棋局是紧密相关的，不同处只有一枚棋子，但其回归目标被该完整对弈所共用。我们用这种方法在 KGS 数据集做过训练，该估值网络记住了那些博弈结果，并没有推广到新棋局，相比此训练集上的 0.19，此测试集上达到了 0.37 的最小均方差（MSE）。为了缓解这个问题，我们生成了一个新的含有 3 000 万明显不同棋局的自我博弈数据集，其每个采样都来自某一单独对弈。每一场对弈都在上述 RL 策略网络与自身之间进行，直到博弈结束。在该数据集上的训练，采用训练和测试数据集分别可达到 0.226 和 0.234 的均方差，这表明最小的过拟合。图 2（b）显示了上述估值网络的棋局评估精度，相比使用快速走子策略 p_π 的蒙特卡洛走子程序，此估值函数更加准确。一种 v_θ（s）单一评价函数也接近使用 RL 策略网络 $P\rho$ 的蒙特卡洛程序的精度，且使用少于 15 000 次的计算量。

4. 基于策略网络和估值网络的搜索算法

AlphaGo 在一种采用前向搜索选择弈法的蒙特卡洛树搜索算法里，结合使用策略和估值网络（见图 3）。每个搜索树边界（s，a）存储：弈法值 Q（s，a），访问计数 N（s，a）和前驱概率 P（s，a）。从当前根状态出发，该搜索树用模拟（指已完成的博弈中做无备份降序）做遍历。在每次模拟的每个时间步长 t，从状态 st 内选出一个弈法 a_t。

$$a_t=\text{argmax}(Q(s,a)+u(s_t,a))$$

当满足最大弈法值加上与前驱概率成正比但与访问计数成反比的奖励值时，能有效促进对搜索空间的探索。

$$u(s_t,a)\propto\frac{P(s,a)}{1+N(s,a)}$$

当这个遍历在步骤 L，搜索一个叶节点 s_L 时，该叶节点可能被展开。该叶节点的局面 s_L 仅通过 S_L 型策略网络 p_σ 处理一次。该输出概率被存储为每次合法弈法 a 的前驱概率。

$$v(s_L)=(\sigma-\lambda u(L)+\lambda_{i\ z\zeta})$$

这个叶节点通过两种不同方式被评估：第一种是通过估值网络 v_θ（S_L）；第二种是通过一种随机落子的结果值 z_L，直到使用快速走子策略 p_π 在步长 T 时结束博弈。这些评价被组合起来，用一种混合参数 λ，进入一个叶节点估值 V（s_L）。

$$N(s,a)=\sum_{i=1}^{n}1(s,a,i)$$

模拟结束时，遍历过的所有边界的弈法值和访问计数都会被更新。每个边界累加其访问计数值，和所有经过该边界做的模拟的平均估值。

$$N(s, a)=\sum_{i=1}^{n} 1(s, a, i)$$

$$Q(s, a)=\frac{1}{N(s, a)} \sum_{i=1}^{n} 1(s, a, i) V(s_l^i)$$

式中是其第 i 次模拟的叶节点，1（s，a，i）代表第 i 次模拟中一个边界（s，a）是否被访问。当该搜索结束时，本算法选择这次初始局面模拟的访问计数最多的弈法来落子。

AlphaGo 的蒙特卡洛树搜索如图 4 所示。

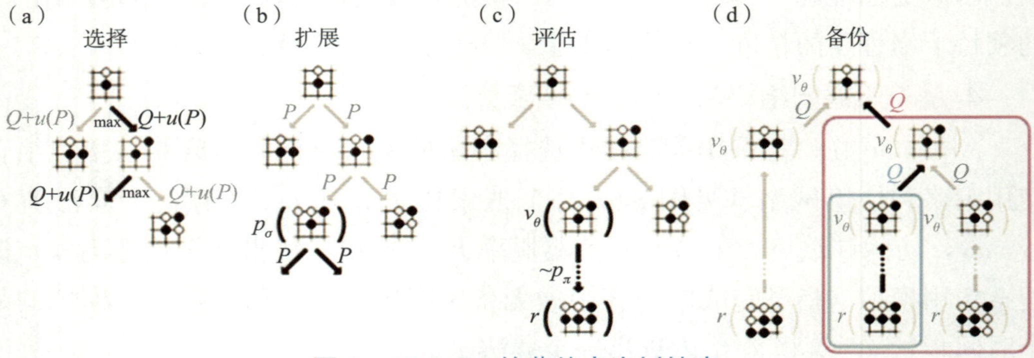

图 4　AlphaGo 的蒙特卡洛树搜索

图 4（a），每次模拟都遍历带最大弈法值 Q 的边界节点，并与一个由边界节点存储的前驱概率产生的奖励值 $u(P)$ 相加。图 4（b），此叶节点可能被展开；新节点采用策略网络 p_σ，其输出概率值 P 被存储在每个弈法的前驱概率 P 中。图 4（c），模拟结束后，此叶节点被两种方法评估：采用估值网络 v_θ 和博弈最后用快速落子策略 p_π 进行一次走子，然后用函数 r 计算此赢家的估值。图 4（d），弈法值 Q 被更新，用来追踪所有估值 r（·）的中间值和那个弈法下面的子树 v_θ（·）。

值得注意的是，此 AlphaGo 的 SL 策略网络 p_σ 比加强型 RL 策略网络 p_ρ 表现得更好，主要原因是人类选择最有前景落子中一种可变化的弈法，而 RL 仅对该单次落子做最优化。然而，从强化后的 RL 策略网络中推导的估值函数，在 AlphaGo 的性能要优于 SL 策略网络推导出的估值函数。

跟传统启发式搜索相比，策略和估值网络需要高出几个数量级的计算量。为了有效结合蒙特卡洛树搜索和深度神经网络，AlphaGo 采用异步多线程搜索，在多 CPU 上执行模拟、多 GPU 并行计算策略和估值网络。本最终版 AlphaGo 使用了 40 个搜索线程、48 个 CPU 和 8 个 GPU。我们也应用了一种分布式 AlphaGo 版本，部署在多台机器、40 个搜索线程、1 202 个 CPU 和 176 个 GPU 上。

5. AlphaGo 博弈算力评估

为了评估 AlphaGo，我们在几个版本的 AlphaGo 和其他几种围棋程序之间运行了一场内部竞赛，包括最强商业软件 Crazy Stone13、Zen 和最强开源程序 Pachi14 及 Fuego15。所有这些程序基于高性能蒙特卡洛树搜索算法。此外，我们纳入了开源程序 GnuGo，一种使用优于蒙特卡洛树搜索的顶级水平搜索算法的围棋程序。在比赛中，所有软件每一步都只有 5s 的计算时间。

计算机存储最小的基本单位是 bit，按顺序给出所有计量单位：bit 位（无法分割）、Byte 字节（10^0）、KB 千字节（10^1）、MB 兆字节（10^3）、GB 吉字节（10^6）、TB 太字节（10^9）、PB 拍字节（10^{12}）、EB 艾字节（10^{15}）、ZB 泽字节（10^{18}）、YB 尧字节（10^{21}）、BB（10^{24}）、NB（10^{27}）、DB（10^{30}）。大数据存储单位大都 TB 以上，按照进率 1 024（2 的十次方）来计算：

1 TB ＝ 1 024 GB（Gigabyte 吉字节）＝1 048 576 MB（Megabytes 兆字节）；

1 PB（Petabyte 千万亿字节，拍字节）＝1 024 TB（Terabytes）＝1 048 576 GB；

1 EB（Exabyte 百亿亿字节，艾字节）＝1 024 PB（Petabytes）＝1 048 576 TB；

1 ZB（Zettabyte 十万亿亿字节，泽字节）＝1 024 EB（Exabytes）＝1 048 576 PB；

1 YB（Yottabyte 一亿亿亿字节，尧字节）＝1 024 ZB（Zettabytes）＝1 048 576 EB；

1 BB（Brontobyte 一千亿亿亿字节）＝1 024 YB（Yottabytes）＝1 048 576 ZB；

1 NB＝1 024 BB（Brontobytes）＝1 048 576 YB；

1 DB＝1 024 NB ＝ 1 048 576 BB。

六、蒙特卡洛树搜索

“蒙特卡洛树搜索”是一种启发式的搜索策略，能够基于对搜索空间的随机抽样来扩大搜索树，从而分析围棋这类游戏中每一步棋应该怎么走才能够创造最好机会。

一位名叫苏椰的知乎用户举了这样一个例子，用通俗的语言进行了解释：假如筐里有 100 个苹果，让我每次闭眼拿 1 个，挑出最大的。于是我随机拿 1 个，再随机拿 1 个跟它比，留下大的，再随机拿 1 个……我每拿一次，留下的苹果都至少不比上次的小。拿的次数越多，挑出的苹果就越大，但我除非拿 100 次，否则无法肯定挑出了最大的。这个挑苹果的算法，就属于蒙特卡洛算法：尽量找好的，但不保证是最好的。

需要说明的是，蒙特卡洛树搜索并不是只有一种算法，而是一类算法。其中最流行的算法之一就是 UTC（upper confidence bounds applied to trees)。

UCT 的算法如下：

一个 mc 围棋程序随机地下棋，而且根据中国规则可以很容易地对双方结束后的态势进行估值。mc 程序经过计算无数个棋局搜索取得最高胜率的走法。

一个最基本的 mc 程序会简单地为第一个根节点统计数值。但是这些着法的 mc 估值不会趋向于一个最佳着法，因此需要做更深的搜索。

UCT 算法（树图置信）是对 mc 搜索自然的扩展，对每一盘棋，通过搜索一个在内存中生长的树来确定最初的着法选择。当一个枝端节点出现时，再生长一个新的枝节点，余下的棋自由走下去。利用棋局最后的估值更新对局树中所有走法的统计数据，而这些走法仅是棋局的一部分。

AlphaGo 是第一个使用蒙特卡洛树搜索的弈棋程序吗？不是。

据 senseis. xmp. net 网站介绍，第一个使用 UCT 算法的围棋程序是 MoGo。而且，MoGo 在 2008 年的美国围棋公开赛上，第一次在 19×19 的全尺寸棋盘上击败了职业选手（当然与 AlphaGo 不同，这位职业选手让了 Mogo 9 个子)。

AlphaGo 是如何使用蒙特卡洛树搜索的？

虽然蒙特卡洛树搜索在此前一些弈棋程序中也有采用，在相对较小的棋盘中能够很好地发挥作用，但在正规的全尺寸棋盘上，这种方法的缺陷也体现出来了，因为涉及的搜索树实在太大了。

但 AlphaGo 采用了很聪明的策略，利用深度学习的方法降低搜索树的复杂性。因此“深度学习”和“蒙特卡洛树搜索”就成为它的两个关键因素。在每个模拟游戏中，AlphaGo 都有两个大脑指引它进行搜索：价值网络和策略网络。

“策略网络”观察棋盘布局企图找到较好的下法，“价值网络”则预测这样下对方棋手赢棋的可能。结合这两个建议，AlphaGo 最终决定怎样落子才是胜算最大的。

能用 Python 实现这种树搜索法吗？

当然可以，而且一个使用 UTC 算法实现的 Python 弈棋程序只有 400 行左右的代码哦！

面对一个盘面，假如轮到 AlphaGo 执白走棋了，AlphaGo 先随机选择棋盘中任意一点，黑棋也随机走一个点，AlphaGo 继续随机下一个点，就这样轮流上大约 100 步后，AlphaGo 分析一下局面胜负，将上述过程重复上亿次，然后再进行统计，第一步走哪个位置时，统计出的胜率最大，比如第一步走 33 时，后续 100 多万局的随机局面中，最终结果输的局面是 40 万局，赢的结果是 60 局万，走 43 时，输的局面是 55 万局，赢的局面是 45 万局，那么 AlphaGo 的判断就是走 33。

AlphaGo 不可能穷举所有可能，只是通过大量重复性的随机试验，找出一种胜率较大的下法，当然这种下法不一定是最优解，只是说这种下法是最优解的可能性最大。

总结一下，也就是说，围棋其实并没有被人工智能攻破，理论上 AlphaGo 走的每一步并不一定是最佳走法，只是说 AlphaGo 走的这步棋是最佳走法的概率较大，即从算法角度来看并没有证据证明 AlphaGo 走的棋就是最优走法。

在象棋和国际象棋中，电脑软件都非常厉害，只有围棋是唯一“电脑下不过人类”的项目。而 2016 年 1 月有个爆炸性新闻：谷歌（微博）DeepMind 开发的人工智能围棋程序 AlphaGo 以 5∶0 的压倒性优势击败了欧洲围棋冠军、专业二段棋手。同年 3 月份，AlphaGo 和韩国九段、世界冠军李世石进行对弈且以 4∶1 的总比分获胜。

谷歌收购了 DeepMind，投入大量资源去做人工智能项目，不为别的，就是要向世界证明谷歌智能的强大。发表在顶级期刊 *Nature* 的一篇论文的作者就 20 个，明显是下了血本，第一作者 David Silver 是计算机围棋和强化学习的顶级专家，整个博士论文做的都是围棋；第二作者 Aja Huang 以前写过多年围棋软件，自己又有 AGA 6D 的水平。

SpinPunch CTO 对 AlphaGo 工作原理的解读如下。

1. 深度学习

“深度学习”是指多层的人工神经网络和训练它的方法。一层神经网络会把大量矩阵数字作为输入，通过非线性激活方法取权重，再产生另一个数据集合作为输出。这就像生物神经大脑的工作机理一样，通过合适的矩阵数量，多层组织链接一起，神经网络“大脑”进行精准复杂的处理，就像人们识别物体标注图片一样。

虽然神经网络在几十年前就有了，但直到最近才形势明朗。这是因为他们需要大量的“训练”去发现矩阵中的数字价值。对早期研究者来说，想要获得不错效果的最小量训练都远远超过计算能力和能提供的数据的大小。但最近几年，一些能获取海量资源的团队重现挖掘神经网络，通过“大数据”技术来高效训练。

2. 两个大脑

AlphaGo 是通过两个不同神经网络“大脑”合作来改进下棋（见图 5）。这些大脑是多层神经网络，跟 Google 图片搜索引擎识别图片在结构上是相似的。它们从多层启发式二维过滤器开始，去处理围棋棋盘的定位，就像图片分类器网络处理图片一样。经过过滤，13 个完全连接的神经网络层对它们看到的局面进行判断。这些层能够做分类和逻辑推理。

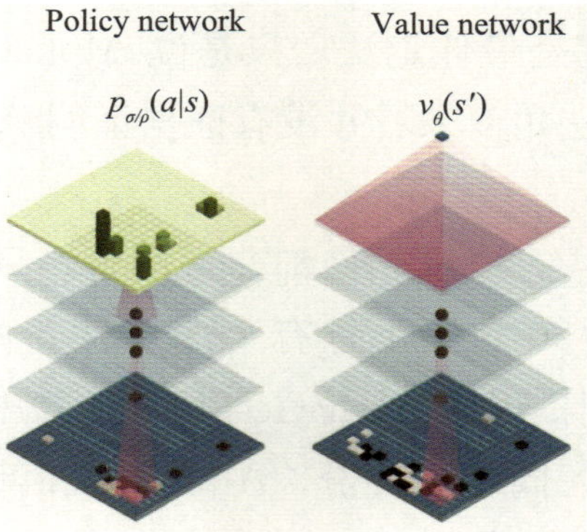

图 5　AlphaGo 的两个大脑

这些网络通过反复训练来检查结果，再去校对调整参数，以让下次执行得更好。这个处理器有大量的随机性元素，所以我们是不可能精确知道网络是如何“思考”的，但更多的训练能让它进化得更好。

（1）第一大脑：落子选择器（Move Picker）。

AlphaGo 的第一个神经网络大脑是“监督学习的策略网络（Policy Network）”，观察棋盘布局企图找到最佳的下一步。事实上，它预测每一个合法下一步的最佳概率，最前面猜测的就是概率最高的，可以理解成“落子选择器”。

落子选择器是怎么看到棋盘的?

AlphaGo 最像人的地方就是学习那些顶尖高手的妙手。但它不是为了下赢，而是去找一个跟人类高手同样的下一步落子。AlphaGo 落子选择器能正确符合 57%的人类高手（不符合的并不意味着错误，有可能人类自已存在失误）。

比起基本的训练，策略网络只是教网络去模仿单一人类的落子，高级的训练会与每一个模拟棋局下到底，教网络最可能赢的下法。Sliver 团队通过更强的落子选择器总结了百万级训练棋局。

单单用这种落子选择器就已经是强大的对手了，可以达到业余棋手的水平，可以跟之前最强的围棋 AI 媲美。重点是这种落子选择器不会去“读”，它就是简单审视单一棋盘位置，提出从那个位置分析出来的落子，它不会去模拟任何未来的走法，这展示了深度神经网络学习的力量。

（2）第二大脑：局面评估器（Position Evaluator）。

AlphaGo 的第二个大脑回答的是另一个问题。它不是去猜测具体的下一步，而是在给定棋子位置情况下，预测每一个棋手赢棋的可能，并通过整体局面判断来辅助落子选择器。这个判断虽是大概的，但对于阅读速度提高很有帮助。通过分类未来局面的“好”与“坏”，AlphaGo 能够决定是否通过特殊变种去深入阅读。如果局面评估器说这个特殊变种不行，那么这一条线上的其他棋子 AI 会跳过阅读。

局面评估器也通过百万级别的棋局做训练。Silver 团队通过复制两个 AlphaGo 的最强落子选择器，精心挑选随机样本创造了这些局面。这里 AI 落子选择器在高效创建大规模数据集去训练局面评估器是非常有价值的。这种落子选择器让大家去模拟继续往下走的很多可能，从任意给定的棋盘局面去猜测大致的双方赢棋概率。

3. 增加阅读

阅读跟大多数围棋 AI 一样，通过蒙特卡洛树搜索算法来完成。但 AlphaGo 比其他 AI 都要聪明，能够更加智能地猜测哪个变种需要被探测，需要探测多深。

七、概率学与概率统计

概率学是研究随机事件的一门科学技术，也是研究 0 与 1 之间的数字，0 表示不发生事件，1 表示发生事件，大于 0 小于 1 是概率。概率学在我们日常生活中，如应聘、彩票、军事、经济中都有运用。

自然界和社会上所观察到的现象分为：确定现象与随机现象。概率学是数学的一个分支，它研究随机现象的数量规律。一方面，它有自己独特的概念和方法；另一方面，它与其他数学分支又有紧密的联系，它是现代数学的重要组成部分。概率学的广泛应用几乎遍及所有的科学技术领域，如天气预报、地震预报、产品的抽样调查、工农业生产等。

概率学公式：$P(A)=m/n$。

1. 乘法定理

抛两次硬币，出两次正面的概率有多大？按照概率论来计算，应该是两个二分之一相乘，为四分之一，如果我们直接进行统计，抛两次硬币有四种可能的结果：正正，正反，反正，反反，每种结果的可能性都是相同的，因此出现两次正面的概率是四分之一。举该例是为了说明，如果做一件事情要分几步，每步都有几种可能，那么最终结果的可能性等于每个步骤的分概率之积。例如，抛两次硬币，第一次出正面的可能性为二分之一，第二次出正面的可能性也为二分之一，因此结果为正正的可能性为四分之一。这个规律在概率学中被称为乘法原理。

2. 加法定理

两个不相容（互斥）事件之和的概率，等于两个事件概率之和。当一个事件出现时，另一个事件就被排除，这样的事件称为“互斥事件或交互事件”，这种互斥事件出现的概率是他们各自概率之和。

例如：肤色正常 A 对白化病 a 是显性，一对夫妇的基因都是 Aa，他们的孩子的基因组合就有四种可能：AA，Aa，Aa，aa，每一种出现的概率都是 1/4，其中：AA、Aa、Aa 是没有白化病表现的。由于这些基因组合都是互斥事件，即如果一个孩子的基因是 AA，就不可能是其他的基因类型。所以，一个孩子表现的正常概率是：1/4（AA）＋1/4（Aa）＋1/4（Aa）＝3/4。

说明：括号内的内容是说明前面的 1/4，不是相乘的关系。

3. 随机现象

在现实生活中，事物都是相互联系和不断发展的。根据它们彼此间的联系和发展是否有必然的因果联系，可以分成截然不同的两大类：一类是确定性的现象，另一类是不确定性的现象。

确定性的现象是在一定条件下，必定会导致某种确定的结果。举例来说，在标准大气压下，水加热到 100 摄氏度，就必然会沸腾。事物间的这种联系属于必然性。通常自然科学就是专门研究和认识这种必然性，寻求这类必然现象的因果关系，把握它们之间的数量规律。

不确定性的现象是在一定条件下，它的结果是不确定的。举例来说，同一个工人在同一台机床上加工同一种零件若干个，它们的尺寸总会有一点差异；在同样条件下，进行小麦品种的人工催芽试验，各颗种子的发芽情况不尽相同，有强弱和早晚的分别等。为什么在相同的情况下，会出现这种不确定的结果呢？这是因为，我们说的“相同条件”是就一些主要条件来说的，除了这些主要条件外，还会有许多次要条件和偶然因素是人们无法事先一一掌握的。正因为这样，我们在这一类现象中，就无法用必然性的因果关系，对个别现象的结果事先做出确定的答案。事物间的这种关系是偶然性的，这种现象叫作偶然现象，或者随机现象。

在生产、生活中，随机现象十分普遍，也就是说随机现象是大量存在的。如每期体育彩票的中奖号码、同一条生产线上生产的灯泡的寿命等，都是随机现象。因此，我们说随机现象就是：在同样条件下，多次进行同一试验或调查同一现象，所得结果不完全一样，而且无法准确地预测下一次所得结果的现象。随机现象的不确定性，是由一些次要的、偶然的因素造成的。从表面上看，随机现象似乎是杂乱无章、没有什么规律的现象。但实践证明，如果同类的随机现象大量重复出现，它们总体会呈现出一定的规律性。大量同类随机现象所呈现的这种规律性，随着我们观察次数的增多而愈加明显。比如掷硬币，每一次投掷很难判断哪一面朝上，但是如果多次重复地掷这枚硬币，就会越来越清楚地发现它们朝上和朝下的次数大体相同。

我们把这种由大量同类随机现象所呈现出来的集体规律性，叫作统计规律性。概率论和数理统计就是研究大量同类随机现象的统计规律性的数学学科。

4. 概率论

概率论是根据大量同类随机现象的统计规律，对随机现象出现某一结果的可能性做出一种客观的科学判断，并对这种出现的可能性大小做出数量上的描述，比较这些可能性的大小、研究它们之间的联系，从而形成一整套数学理论和方法。

5. 数理统计

数理统计是应用概率的理论来研究大量随机现象的规律性，通过对科学安排的一定数量的实验所得到的统计方法给出严格的理论证明，判定各种方法应用的条件及方法、公式、结论的可靠程度和局限性，使我们能从一组样本来判定是否能以相当大的概率来保证某一判断是正确的，并可以控制发生错误的概率。

6. 统计方法

统计方法是以上方法在各种具体问题中的应用。应该指出，概率统计在研究方法上有它的特殊性，其和其他数学学科的不同点主要有：第一，由于随机现象的统计规律是一种集体规律，必须在大量同类随机现象中才能呈现出来，所以，观察、试验、调查就是概率统计这门学科研究方法的基石。但是，作为数学学科的一个分支，它依然具有本学科的定义、公理、定理，这些定义、公理、定理是来自自然界的随机规律，但这些定义、公理、定理是确定的，不存在任何随机性。第二，在研究概率统计中，使用的是“由部分推断全体”的统计推断方法。这是因为它研究的对象（随机现象）的范围是很大的，因此在进行试验、观测的时候，不可能也不必要全部进行。但是由这一部分资料所得出的一些结论，要在全体范围内推断其可靠性。第三，随机现象的随机性是就试验、调查之前来说的。真正得出结果后，对于每一次试验，它只可能得到这些不确定结果中的某一种确定结果。我们在研究这一现象时，应当注意在试验前能不能对这一现象找出它本身的内在规律。

八、抽屉原理

抽屉原理又称鸽巢原理，它是组合数学的一个基本原理，由德国数学家狄利克雷提出，因此，也称为狄利克雷原理。

抽屉原理一种简单的表述法为：若有 n 个笼子和 $n+1$ 只鸽子，所有的鸽子都被关在鸽笼里，那么至少有一个笼子最多有 2 只鸽子。

另一种为：若有 n 个笼子和 $n+1$ 只鸽子，所有的鸽子都被关在鸽笼里，那么至少有一个笼子最多有 $k+1$ 只鸽子。

1. 第一抽屉原理

原理 1：把多于 n 个的物体放到 n 个抽屉里，则至少有一个抽屉里的东西不少于两件。

证明（反证法）：如果每个抽屉至多只能放进一个物体，那么物体的总数至多是 n，而不是题设的 $n+k$（$k\geqslant 1$），故不可能。

原理 2：把多于 mn（m 乘以 n）个的物体放到 n 个抽屉里，则至少有一

个抽屉里有不少于 $m+1$ 个物体。

证明（反证法）：若每个抽屉至多放进 m 个物体，那么 n 个抽屉至多放进 mn 个物体，与题设不符，故不可能。

原理 3：把无穷多件物体放入 n 个抽屉，则至少有一个抽屉里有无穷个物体。

原理 1、2、3 都是第一抽屉原理的表述。

2. 第二抽屉原理

把 $mn-1$ 个物体放入 n 个抽屉中，其中必有一个抽屉中至多有 $m-1$ 个物体。

证明（反证法）：若每个抽屉都有不少于 m 个物体，则总共至少有 mn 个物体，与题设矛盾，故不可能。

例 1： 同年出生的 400 人中至少有 2 个人的生日相同。

解： 将一年中的 365 天视为 365 个抽屉，400 个人看作 400 个物体，由抽屉原理 1 可以得知：至少有 2 人的生日相同，400/365＝1～35。又如：我们从街上随便找来 13 人，就可断定他们中至少有两个人属相相同。从任意 5 双手套中任取 6 只，其中至少有 2 只恰为一双手套；从数 1，2，…，10 中任取 6 个数，其中至少有 2 个数为奇偶性不同。

上面数例论证的似乎都是“存在”“总有”“至少有”的问题，不错，这正是抽屉原则的主要作用（需要说明的是，运用抽屉原则只是肯定了“存在”“总有”“至少有”，却不能确切地指出哪个抽屉里存在多少）。

抽屉原理虽然简单，但应用却很广泛，它可以解答很多有趣的问题，其中有些问题还具有相当的难度。制造抽屉是运用原则的一大关键。

例 2： 从 2、4、6、…、30 这 15 个偶数中，任取 9 个数，证明其中一定有两个数之和是 34。

解： 我们用题目中的 15 个偶数制造 8 个抽屉，凡是抽屉中有两个数的，都具有一个共同的特点：这两个数的和是 34。现从题目中的 15 个偶数中任取 9 个数，由抽屉原理（因为抽屉只有 8 个），必有两个数可以在同一个抽屉中（符合上述特点），由制造抽屉的特点，这两个数的和是 34。

3. 整除问题

把所有整数按照除以某个自然数 m 的余数分为 m 类，叫作 m 的剩余类或同余类，用 [0]，[1]，[2]，…，[$m-1$] 表示。每一个类含有无穷多个数，例如 [1] 中含有 1，$m+1$，$2m+1$，$3m+1$，…。在研究与整除有关的问题时，常用剩余类作为抽屉。根据抽屉原理，可以证明：任意 $n+1$ 个自然数中，总有两个自然数的差是 n 的倍数（证明：$n+1$ 个自然数被 n 整除余数至少有两个相等（抽屉原理），不妨记为 $m=a_1n+bn=a_2n+b$，则 $m-n$ 整除 n）。

例 3：任取 8 个自然数，必有两个数的差是 7 的倍数。

解：在与整除有关的问题中有这样的性质，如果两个整数 a、b，它们除以自然数 m 的余数相同，那么它们的差 $a-b$ 是 m 的倍数。根据这个性质，本题只需证明这 8 个自然数中有 2 个自然数，它们除以 7 的余数相同。我们可以把所有自然数按被 7 除所得的 7 种不同的余数 0、1、2、3、4、5、6 分成七类，也就是 7 个抽屉。任取 8 个自然数，根据抽屉原理，必有两个数在同一个抽屉中，也就是它们除以 7 的余数相同，因此这两个数的差一定是 7 的倍数。

抽屉原理的一种更一般的表述为：

“把多于 $kn+1$ 个东西任意放进 n 个空抽屉（k 是正整数），那么一定有一个抽屉中放了至少 $k+1$ 个东西。”

利用上述原理容易证明：任意 7 个整数中，至少有 3 个数的两两之差是 3 的倍数。因为任一整数除以 3 时余数只有 0、1、2 三种可能，所以 7 个整数中至少有 3 个数除以 3 所得余数相同，即它们两两之差是 3 的倍数。

如果问题所讨论的对象有无限多个，抽屉原理还有另一种表述：

“把无限多个东西任意分放进 n 个空抽屉（n 是自然数），那么一定有一个抽屉中放进了无限多个东西。”

抽屉原理的内容简明朴素，易于接受，它在数学问题中有重要的作用。许多有关存在性的证明都可用它来解决。

4. 染色问题

例 4：正方体各面涂上红色或蓝色的油漆（每面只涂一种色），证明正方体一定有三个面颜色相同。

证明：正方形有 6 个面，由最多 $[(m-1)\div n]+1$ 得出 $[(6-1)\div 2]+1=[2.5]+1=3$。

例 5：有 5 个小朋友，每人都从装有许多黑白围棋子的布袋中任意摸出 3 枚棋子，请你证明，这 5 个人中至少有两个小朋友摸出的棋子的颜色的配组是一样的。

解：首先要确定 3 枚棋子的颜色可以有多少种不同的情况，可以有：3

黑、2黑1白、1黑2白、3白共4种配组情况，看作4个抽屉。根据抽屉原理，至少有两个小朋友摸出的棋子的颜色在同一个抽屉里，也就是他们所拿棋子的颜色配组是一样的。

例6：假设在一个平面上有任意六个点，无三点共线，每两点用红色或蓝色的线段连起来，都连好后，你能不能找到一个由这些线构成的三角形，且三角形的三边同色？

解：首先可以从这六个点中任意选择一点，然后把这一点与其他五点连成五条线段，在这五条线段中，至少有三条线段是同一种颜色，假定是红色，现在我们再单独研究这三条红色的线。这三条线段的另一端或许是不同颜色，假设这三条线段中其中一条是红色的，那么这条红色的线段和其他两条红色的线段便组成了我们所需要的同色三角形，如果这三条线段都是蓝色的，那么这三条线段也组成我们所需要的同色三角形。因而无论怎样着色，在这六点之间的所有线段中至少能找到一个同色三角形。

例7：17个科学家中每个人与其余16个人通信，他们通信所讨论的仅有三个问题，而任两个科学家之间通信讨论的是同一个问题。证明：至少有三个科学家通信时讨论的是同一个问题。

解：不妨设A是某科学家，他与其余16位讨论仅三个问题，由鸽笼原理知，他至少与其中的6位讨论同一问题。设这6位科学家为B、C、D、E、F、G，讨论的是甲问题。

若这6位中有两位之间也讨论甲问题，则结论成立。否则他们6位只讨论乙、丙两问题。这样又由鸽笼原理知B至少与另三位讨论同一问题，不妨设这三位是C、D、E，且讨论的是乙问题。

若C、D、E中有两人也讨论乙问题，则结论也就成立了。否则，他们间只讨论丙问题，这样结论也成立。

把抽屉原理推广到一般情形有以下几种表现形式。

形式一：设把$n+1$个元素划分至n个集合中（A_1，A_2，…，A_n），用a_1，a_2，a_3，…，a_n分别表示这n个集合对应包含的元素个数，则：至少存在某个集合A_i，其包含元素个数值a_i大于或等于2。

证明：（反证法）假设结论不成立，即对每一个a_i都有$a_i<2$，则因为a_i是整数，应有$a_i\leqslant 1$，于是有：

$a_1+a_2+\cdots+a_n\leqslant 1+1+\cdots+1=n<n+1$，这与题设矛盾。

所以，至少有一个$a_i\geqslant 2$，即必有一个集合中含有两个或两个以上的元素。

形式二：设把 $nm+1$ 个元素划分至 n 个集合中（A_1，A_2，…，A_n），用 a_1，a_2，a_3，…，a_n 表示这 n 个集合对应包含的元素个数，则：至少存在某个集合 A_i，其包含元素个数值 a_i 大于或等于 $m+1$。

证明：（反证法）假设结论不成立，即对每一个 a_i 都有 $a_i \leqslant m+1$，则因为 a_i 是整数，应有 $a_i \leqslant m$，于是有：

$a_1+a_2+\cdots+a_n \leqslant m+m+\cdots+m=nm<nm+1$，这与题设相矛盾。

所以，至少有一个 $a_i \geqslant m+1$。

知识扩展：$[x]$ 表示“不大于 x 的最大整数”，例如：$[3.5]=3$，$[2.9]=2$，$[-2.5]=-3$，$[7]=7$，……一般地，我们有：$[x] \leqslant x<[x]+1$。

形式三：设把 n 个元素分为 k 个集合 A_1，A_2，…，A_k，用 a_1，a_2，…，a_k 表示这 k 个集合里相应的元素个数，需要证明至少存在某个 a_i 大于或等于 $[n/k]$。

证明：（用反证法）假设结论不成立，即对每一个 a_i 都有 $a_i<[n/k]$，于是有：

$$a_1+a_2+\cdots+a_k<[n/k]+[n/k]+\cdots+[n/k]=k\cdot[n/k]\leqslant k\cdot(n/k)=n$$

k 个 $[n/k]$，$a_1+a_2+\cdots+a_k<n$ 这与题设相矛盾。所以，必有一个集合中元素个数大于或等于 $[n/k]$。

形式四：设把 $q_1+q_2+\cdots+q_n-n+1$ 个元素分为 n 个集合 A_1，A_2，…，A_n，用 a_1，a_2，$\cdots+a_n$ 表示这 n 个集合里相应的元素个数，需要证明至少存在某个 i，使得 a_i 大于或等于 q_i。

证明：（用反证法）假设结论不成立，即对每一个 a_i 都有 $a_i<q_i$，因为 a_i 为整数，应有 $a_i \leqslant q_i-1$，

于是有：$a_1+a_2+\cdots+a_n \leqslant q_1+q_2+\cdots+q_n-n<q_1+q_2\cdots+q_n-n+1$

这与题设矛盾。

所以，假设不成立，故必有一个 i，在第 i 个集合中元素个数 $a_i \geqslant q_i$。

例 8：任取 5 个整数，必然能够从中选出三个，使它们的和能够被 3 整除。

证明：任意给一个整数，它被 3 除，余数可能为 0，1，2，我们把被 3 除余数为 0，1，2 的整数各归入类 r_0，r_1，r_2，至少有一类包含所给 5 个数中

的至少两个，因此可能出现两种情况：一是某一类至少包含三个数；二是某两类各含两个数，第三类包含一个数。

若是第一种情况，就在至少包含三个数的那一类中任取三数，其和一定能被 3 整除。若是第二种情况，在三类中各取一个数，其和也能被 3 整除。综上所述，原命题正确。

例 9：某校派出学生 204 人上山植树 15 301 株，其中最少一人植树 50 株，最多一人植树 100 株，则至少有 5 人植树的株数相同。

证明：按植树的多少，从 50 到 100 株可以构造 51 个抽屉，则该问题就转化为至少有 5 人植树的株数在同一个抽屉里。

（用反证法）假设无 5 人或 5 人以上植树的株数在同一个抽屉里，那只有 5 人以下植树的株数在同一个抽屉里，而参加植树的人数为 204 人，所以，每个抽屉最多有 4 人，故植树的总株数最多有：

$4(50+51+\cdots+100)=4\times 3\,825=15\,300<15\,301$ 得出矛盾，因此，至少有 5 人植树的株数相同。

5. 汇集回应

得克萨斯的西部地区有 20 个小镇，我们想从这些小镇之一选出 3 个人来帮助调查他们的城镇。如果进入任意特定的城镇，并发布广告寻求帮手，由以往的经验我们知道得到 3 个回应的机会很少。相反，我们在发送到 20 个城镇的地方报纸上发布广告，需要多少回应者才能保证回应集合包含 3 个来自同一个小镇的人呢？

根据鸽巢原理，我们需要多于 $2\times 20=40$ 名的回应者。

我们有 15 台小型计算机和 10 台打印机，每 5 分钟，若干台计算机需要打印机。计算机和打印机之间需要多少不同的连接，才能保证如果 10 台（或更少）计算机需要打印机时，总是存在使得每台计算机都使用不同的打印机的连接？

使用鸽巢原理的变形，我们知道至少要存在 60 种连接，否则 10 台打印机中有一台打印机，比如说是 A 就会与 5 台（或更少）计算机连接，而且与 A 连接的 5 台计算机中的任意一台都不是寻求打印机的 10 台计算机中的一台，那么这 10 台计算机中的任意一台都不使用打印机 A，如果设计得当，恰好 60 种连接将解决此问题。

证明和等于 20 的 8 个正整数的任意集合中有和等于 4 的子集。

我们证明这个集合一定有下面和等于 4 的四个子集中的一个：（a）四个

1；(b) 两个 2；(c) 两个 1 和一个 2；(d) 一个 1 和一个 3，这些可能性之一一定成立是鸽巢类型的讨论。

如果 S 不包含 1 和 2，那么它的和至少应该是 $3\times8=24$。所以根据鸽巢原理，S 必须包含一个 1 或一个 2。

假设 S 包含一个 2。如果有另一个 2 或者如果有两个 1，那么我们就完成了证明。可能有一个 1，但是所有其他整数都至少是 3。如果没有 1，其他 7 个整数都至少是 3，且他们的和一定等于 $20-2=18$。根据鸽巢原理类型的讨论，这是不可能的。如果存在一个 1，其他 6 个整数都至少是 3，且它们的和一定等于 $20-2-1=17$。这也是不可能的。

假设 S 至少包含一个 1 但是不包含 2。如果 S 中有一个 3，那么可以运用情况 (d)，如果 S 中有四个 1，则可以运用情况 (a)，可选择的是 S 中没有 2 也没有 3，且至多有三个 1，那么在 S 中至少有 5 个大小至少为 4 的整数，它们的和又必须小于 20，这是不可能的。

九、拓扑学

拓扑学是近代发展起来的一个数学分支，用来研究各种“空间”在连续性的变化下不变的性质。20 世纪，拓扑学发展成为数学中一个非常重要的领域。

有关拓扑学的一些内容早在十八世纪就出现了。那时候发现的一些孤立的问题，在后来拓扑学的形成中占有重要的地位。譬如哥尼斯堡七桥问题、多面体的欧拉定理、四色问题等都是拓扑学发展史的重要问题。

1. 七桥问题

七桥问题是 18 世纪著名古典数学问题之一（见图 6）。在哥尼斯堡的一个公园里，有七座桥将普雷格尔河中两个岛及岛与河岸连接起来。问是否可能从这四块陆地中任一块出发，恰好通过每座桥一次，再回到起点？欧拉于 1736 年研究并解决了此问题，他把问题归结为“一笔画”问题。

他不仅解决了此问题，且给出了连通图可以一笔画的充要条件：奇点的数目不是 0 个就是 2 个（连到一点的数目如是奇数条，就称为奇点，如果是偶数条就称为偶点。要想一笔画成，必须中间点均是偶点，也就是有来路必有另一条去路。奇点只可能在两端，因此任何图能一笔画成，奇点要么没有要么在两端）。

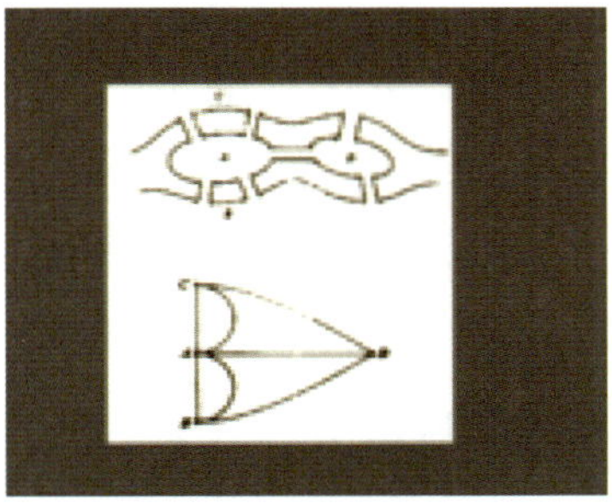

图 6 七桥问题

2. 欧拉定理

在拓扑学的发展历史中，还有一个著名而且重要的关于多面体的定理也和欧拉有关。这个定理内容是：如果一个凸多面体的顶点数是 v、棱数是 e、面数是 f，那么它们总有这样的关系：$f+v-e=2$。

根据多面体的欧拉定理，可以得出这样一个有趣的事实：只存在五种正多面体。它们是正四面体、正六面体、正八面体、正十二面体、正二十面体。

3. 四色问题

著名的“四色问题”也是与拓扑学发展有关的问题，又称四色猜想。1852 年，毕业于伦敦大学的弗南西斯·格思里到一家科研单位做地图着色工作时发现：每幅地图都可以用四种颜色着色，使得有共同边界的国家都被着上不同的颜色。

1872 年，英国当时最著名的数学家凯利正式向伦敦数学学会提出了这个问题，于是四色猜想成了世界数学界关注的问题。1976 年，美国数学家阿佩尔与哈肯在美国伊利诺斯大学的两台不同的电子计算机上，用了 1 200 个小时，做了 100 亿种判断，终于完成了四色定理的证明。不过不少数学家并不满足于计算机取得的成就，他们认为应该有一种简洁明快的书面证明方法。

4. 代数拓扑

L. E. J. 布劳威尔在 1910—1912 年间提出了用单纯映射逼近连续映射的方法，引进了同维流形之间的映射的度以研究同伦分类，并开创了不动点理论。他使组合拓扑学在概念精确、论证严密方面达到了应有的标准。紧接着，J. W. 亚历山大 1915 年证明了贝蒂数与挠系数的拓扑不变性。

随着抽象代数学的兴起，1925 年 A. E. 诺特提议把组合拓扑学建立在群论的基础上，在她的影响下，H. 霍普夫在 1928 年定义了同调群。从此组合拓扑学逐步演变成利用抽象代数的方法研究拓扑问题的代数拓扑学。如维数、欧拉数，S. 艾伦伯格与 N. E. 斯廷罗德 1945 年以公理化的方式总结了当时的同调论，后写成《代数拓扑学基础》（1952），对于代数拓扑学的传播、应用和进一步发展起了巨大的推动作用。他们把代数拓扑学的基本精神概括为：把拓扑问题转化为代数问题，通过计算来求解。直到今天，同调论所提供的不变量仍是拓扑学中最易于计算和最常用的不变量。

5. 同伦论

同伦论研究空间及映射的同伦分类。W. 赫维茨在 1935—1936 年引进了拓扑空间的 n 维同伦群，其元素是从 n 维球面到该空间的映射的同伦类，一维同伦群就是基本群。同伦群提供了从拓扑到代数的另一种过渡，其几何意义比同调群更明显，但是极难计算。同伦群的计算，特别是球面的同伦群的计算问题刺激了拓扑学的发展，产生了丰富多彩的理论和方法。1950 年法国数学家塞尔利用 J. 勒雷为研究纤维丛的同调论而发展起来的谱序列这个代数工具，在同伦群的计算上取得突破。

从 20 世纪 50 年代末在代数几何学和微分拓扑学的影响下产生了 K 理论，以及其他几种广义同调论。它们都是从拓扑到代数的过渡。尽管几何意义各不相同，代数性质却都与同调或上同调十分相像。

6. 微分拓扑

微分拓扑是研究微分流形与可微映射的拓扑学。随着代数拓扑和微分几何的进步，微分拓扑在 20 世纪 30 年代重新兴起。H. 惠特尼（H. Whitney）在 1935 年给出了微分流形的一般定义，并证明它总能嵌入高维欧氏空间。为了研究微分流形上的向量场，他还提出了纤维丛的概念，从而使许多几何问题都与同调（示性类）和同伦问题联系起来了。

1953 年 R. 托姆的配边理论开创了微分拓扑学与代数拓扑学并肩跃进的局面，许多困难的微分拓扑问题被化成代数拓扑问题而得到解决，同时也刺激了代数拓扑学的进一步发展。1956 年米尔诺发现七维球面上除了通常的微分结构之外，还有不同寻常的微分结构。随后，不能赋以任何微分结构的流形又被人构作出来，这些都显示拓扑流形、微分流形以及介于其间的分段线性流形。这三个范畴有巨大的差别，微分拓扑学也从此被公认为一个独立的拓扑学分支。1960 年斯梅尔证明了五维以上微分流形的庞加莱猜想。J. W. 米尔诺等人发展了处理微分流形的基本方法——剜补术，使五维以上流形的分类问题亦逐步趋向代数化。

近些年来，在有关流形的研究中，几何的课题、几何的方法取得不少进展，突出的领域如流形的上述三大范畴之间的关系以及三维、四维流形的分类。20 世纪 80 年代初的重大成果有：证明了四维庞加莱猜想，发现四维欧氏空间存在不同寻常的微分结构。这些研究，通常泛称几何拓扑学，以强调其几何色彩。

连续性与离散性这对矛盾在自然现象与社会现象中普遍存在，数学也可以粗略地分为连续性的与离散性的两大门类。拓扑学对于连续性数学自然是带有根本意义的，对于离散性数学也起着巨大的推进作用。例如，拓扑学的基本内容已经成为现代数学工作者的常识。拓扑学的重要性，体现在它与其他数学分支、其他学科的相互作用上。拓扑学在泛函分析、实分析、群论、微分几何、微分方程其他许多数学分支中都有广泛的应用。

7. 微分几何

拓扑学与微分几何学有着血缘关系，它们在不同层次上研究流形的性质。为了研究黎曼流形上的测地线，H. M. 摩尔斯在 20 世纪 20 年代建立了非退化临界点理论（摩尔斯理论），把流形上光滑函数的临界点的指数与流形本身的贝蒂数联系起来，并发展成大范围变分法。莫尔斯理论后来又用于拓扑学中，证明了典型群的同伦群的博特周期性定理，并启示了处理微分流形的剜补术。微分流形、纤维丛、示性类给 E. 嘉当的整体微分几何学提供了合适的理论框架，也从中获取了强大的动力和丰富的课题。陈省身在 20 世纪 40 年代引进了“陈示性类”，不但对微分几何学影响深远，对拓扑学也十分重要。纤维丛理论和联络论一起为理论物理学中杨－米尔斯规范场理论提供了现成的数学框架，犹如 20 世纪初黎曼几何学对于爱因斯坦广义相对论的作用。规范场的研究又促进了四维的微分拓扑学出人意料的进展。

8. 分析学

拓扑学对于分析学的现代发展起了极大的推动作用。科学技术的发展需要研究各式各样的非线性现象，分析学开始更多地求助于拓扑学。20 世纪 30 年代 J. 勒雷和 J. P. 绍德尔把 L. E. J. 布劳威尔的不动点定理和映射度理论推广到巴拿赫空间，形成了拓扑度理论。微分拓扑学的进步，促进了分析学向流形上的分析学（又称大范围分析学）发展。著名的阿蒂亚—辛格指标定理把算子的解析指标与流形的示性类联系起来，是分析学与拓扑学结合的范例。现代泛函分析的算子代数已与 K 理论、指标理论、叶状结构密切相关。在多复变函数论方面，来自代数拓扑的层论已经成为基本工具。

9. 抽象代数

拓扑学的需要大大刺激了抽象代数学的发展，并且形成了两个新的代数学分支：同调代数与代数 K 理论。代数几何学从 20 世纪 50 年代以来已经完全改观。托姆的配边理论直接促使代数簇的黎曼－罗赫定理的产生，后者又促使拓扑 K 理论的产生。现代代数几何学已完全使用上同调的语言，代数数论与代数群也在此基础上取得许多重大成果，例如有关不定方程整数解数目估计的韦伊猜想和莫德尔猜想的证明。范畴与函子的观念，是在概括代数拓扑的方法论时形成的。范畴论已深入数学基础、代数几何学等分支，对拓扑学本身也有影响。如拓扑斯的观念大大拓广了经典的拓扑空间观念。

10. 经济学

在经济学方面，冯·诺伊曼首先把不动点定理用来证明均衡的存在性。在现代数理经济学中，经济的数学模型，均衡的存在性、性质、计算等根本问题都离不开代数拓扑学、微分拓扑学、大范围分析的工具。在系统理论、对策论、规划论、网络论中拓扑学也都有重要应用。

11. 其他学科

托姆以微分拓扑学中微分映射的奇点理论为基础创立了突变理论，为从量变到质变的转化提供各种数学模式，在物理学、化学、生物学、语言学等方面已有不少应用。除了通过各数学分支的间接影响外，拓扑学的概念和方法对物理学（如液晶结构缺陷的分类）、化学（如分子的拓扑构形）、生物学（如 DNA 的环绕、拓扑异构酶）都有直接的影响。

12. 纽结问题

空间中一条自身不相交的封闭曲线，会发生打结现象。要问一个结能否解开（即能否变形成平放的圆圈），或者问两个结能否互变，并且不只做个模型，还要给出证明，那就远不是件容易的事了。

13. 向量场问题

考虑光滑曲面上连续的切向量场，即在曲面的每一点放一个与曲面相切的向量，并且其分布是连续的，其中向量等于 0 的地方叫作奇点。例如，地球表面上每点的风速向量就组成一个随时间变化的切向量场，而奇点就是当时没风的地方。从直观经验看出，球面上的连续切向量场一定有奇点，而环面上却可以造出没有奇点的向量场。进一步分析，每个奇点有一个“指数”，即当动点绕它一周时，动点处的向量转的圈数；此指数有正负，视动点绕行方向与向量转动方向相同或相反而定。球面上切向量场，只要奇点个数是有限的，这些奇点的指数的代数和（正负要相消）恒等于 2；而环面上的则恒等于 0。2 与 0 恰是那两个曲面的欧拉数，这不是偶然的巧合，是拓扑学中的庞加莱—霍普夫定理。

14. 不动点问题

考虑一个曲面到自身的连续变换（映射），即曲面的每一点被移到该曲面上新的位置，连续是指互相邻近的点被移到互相邻近的点，新旧位置相同的点叫作变换的不动点。随后，每个不动点也有个“指数”，即当动点绕它一周时，从动点指向其像点的向量转动的圈数。拓扑学家们发现，曲面到自身的映射的不动点个数如果是有限的，它们的指数的代数和不会因对映射做细微的修改而改变，因而可从这映射的某些粗略的特征计算出来。特别是对于实心圆上的映射，指数和恒为 1，所以实心圆到自身的映射总有不动点。